DE

FLÁVIO ALBUQU[illegible] 08

PARA ANTONIA, F[illegible]OSA
LEIAM ÊSSE LIVRO E MEDITEM
SOBRE O ASSUNTO. EU ENTENDO
QUE "NEM TANTO AO MAR, NEM

MULHERES LIDERAM MELHOR QUE HOMENS

TANTO A TERRA" COMO JÁ DIZIA
UM DITADO POPULAR.
ACHO QUE A FUNÇÃO DE "LIDERAR"
INDEPENDENDE DE SEXO, É UM
DOM INERENTE À PESSOA, MAIS
PODE SER APRENDIDO.
BOA LEITURA.
AMO VOCÊS.

Flávio Albuquerque
29/12/2008

BOAS FESTAS E UM 2009
CHEIO DE SAÚDE, PAZ, E MUITAS
REALIZAÇÕES
EU E SUA MÃE ESTAVAMOS COM
SAUDADES DE VOCÊS EM MANAUS
VENHAM MAIS PARA PERTO DE SUA
CASA, DIGO SEUS APARTAMENTO
Flávio

Lois P. Frankel, Ph.D.

MULHERES LIDERAM MELHOR QUE HOMENS

Descubra por que o perfil feminino se destaca no trabalho, em casa e na vida

Tradução:
Maria Alayde Carvalho

Editora Gente

Editora
Rosely M. Boschini

Assistente editorial
Rosângela Barbosa

Capa
Guilherme Xavier

Copidesque
Editora Gente

Produção e Projeto Gráfico
Marcelo S. Almeida

Editoração
Join Bureau

Revisão
Flávia Schiavo

Título original: *See Jane Lead*

Rua Pedro Soares de Almeida, 114
São Paulo, SP - CEP 05029-030
Telefone: (11) 3670-2500
Site: http://www.editoragente.com.br
E-mail: gente@editoragente.com.br

Dados Internacionais de Catalogação na Publicação (CIP)
(Câmara Brasileira do Livro, SP, Brasil)

Frankel, Lois P., 1953 –
Mulheres lideram melhor que homens: descubra por que o perfil feminino se destaca no trabalho, em casa e na vida / Lois P. Frankel ; tradução Maria Alayde Carvalho. – São Paulo: Editora Gente, 2007.

Título original : See Jane Lead
Bibliografia.
ISBN 978-85-7312-561-0

1. Administração 2. Liderança em mulheres 3. Mulheres executivas I. Título.

07-6668 CDD-658.4092082

Índice para catálogo sistemático:

1. Mulheres executivas : Liderança : Administração de empresas 658.4092082

Este livro é dedicado às mulheres da entidade
Moste, Motivating Our Students Through Experience
[Motivação de Nossas Estudantes por meio da Experiência], que
durante vinte anos doaram seu tempo, sua sabedoria e seu coração
à orientação de meninas carentes, encorajando-as a permanecer
na escola, formar-se e ingressar na universidade.
O compromisso assumido por vocês garante uma geração de
líderes femininas *diferenciadas*. Homenageio, portanto, *sua* liderança
revertendo parte da renda deste livro aos
Fundos Escolares Bernadine Robinson e Jacqueline Miller, da Moste.

Agradecimentos

A ajuda, o apoio e a orientação de muitas pessoas tornaram possível a realização deste livro. O agradecimento a cada uma delas me parece insuficiente para expressar a intensidade de minha gratidão. Espero, portanto, que todas saibam quanto me sinto profundamente abençoada pelas dádivas que me proporcionaram, assim como ao leitor.

Diana Baroni, vice-presidente e diretora executiva da Warner Books – sua confiança me permitiu escrever livremente sobre coisas muito importantes para mim, embora sempre me desafiasse a melhorar cada vez mais.

Chris Dao, ex-diretora-assistente de publicidade da Warner Books – sua competente experiência me permitiu o acesso a coisas com que eu apenas sonhava antes de conhecê-la.

Toda a equipe da Warner Books – vocês são muitos, e não quero correr o risco de esquecer ninguém ao nomeá-los, mas reafirmo que são todos excelentes naquilo que fazem, e os resultados comprovam isso.

Bob Silverstein – o que posso dizer? Como agente literário, você é inigualável e, como amigo, é divino.

Todas as mulheres que roubaram algum tempo de sua intensa atividade de líderes para conversar comigo – quero que saibam que seu *insight,* sua eloqüência e sua coragem deram vida e coração a este livro.

Doutora Pam Erhardt, doutora Kim Finger, Jessica Vaughn e toda a equipe da Corporate Coaching International e de meu *site* – a maneira como vocês intuitivamente alternam o papel de líderes e de seguidores, sobretudo nos dias mais difíceis, é um privilégio sem o qual eu não poderia viver.

Kathleen Booth, diretora de competência organizacional da Warner Bros. – sua generosidade de espírito e a forma como nos doa seu tempo são dádivas preciosas.

Meus colegas escritores que me presentearam com sua palavra e me deram permissão para citar ou reproduzir parte de seu trabalho – espero ardentemente poder retribuir-lhes tal gentileza algum dia.

Sumário

Introdução 11

Capítulo 1 19
O ESTILO FEMININO DE LIDERANÇA

Capítulo 2 41
SE VOCÊ CONSEGUE ADMINISTRAR SUA CASA, É PORQUE TEM ESTRATÉGIA

Capítulo 3 57
O DESAFIO DOS RISCOS: CHEGA DE SER BOAZINHA

Capítulo 4 75
A INFLUÊNCIA COM (E SEM) AUTORIDADE

Capítulo 5 95
DE TORCEDORA A COACH: COMO MOTIVAR AS PESSOAS A DAR O MÁXIMO

Capítulo 6 119
A LIDERANÇA DE EQUIPES: DA ASSOCIAÇÃO DE BAIRRO AO CONSELHO DE DIRETORIA

Capítulo 7 139
AS ARMAS SECRETAS DA MULHER: POPULARIDADE E QUOCIENTE EMOCIONAL

Capítulo 8 159
AS MULHERES NA FUNÇÃO DE EMPRESÁRIA: COMO LIDERAR A PRÓPRIA EMPRESA

Capítulo 9 181
A PREPARAÇÃO DE NOSSAS FILHAS PARA A LIDERANÇA

Introdução

Em meus trabalhos anteriores pude constatar os incontáveis erros que as mulheres cometem por causa da "síndrome da garota boazinha". Eu estaria riquíssima se ganhasse 1 dólar cada vez que alguém me pergunta: "Você quer dizer que é preciso que a mulher seja má e mesquinha para alcançar suas metas?". Sempre – e de forma enfática – respondo *não*! Garotas boazinhas são aquelas que, em plena idade adulta, continuam a apresentar os comportamentos aprendidos na infância, apropriados apenas para *menininhas.* Você sabe que tem essa síndrome quando cuida mais do bem-estar alheio que do seu próprio, quando tem medo de tomar atitudes que decepcionem ou desagradem os outros e quando – embora já seja uma mulher adulta – continua a agir de acordo com as regras que lhe ensinaram na infância, isto é, comporta-se sempre conforme o que *se espera* de uma boa garota. Em resumo, quase todas as mulheres desse tipo sofrem da "mania de agradar".

Em minhas pesquisas relacionadas ao mundo feminino encontrei diversos erros cometidos pelas mulheres em sua luta para a realização profissional e financeira. Portanto, este livro tem como objetivo mostrar as estratégias necessárias para o desenvolvimento da capacidade de liderança das mulheres nas mais diversas situações no mundo do trabalho. Isso não quer dizer que não cometemos erros relativos à liderança, pois também incorremos neles. Ponha uma garota boazinha em um grupo de homens e mulheres e ela vai esperar que um homem – ou uma mulher mais poderosa – assuma a liderança. Peça a uma garota boazinha que tome uma decisão pela equipe, e ela vai perguntar a opinião de todos antes de qualquer atitude. Dê a uma garota boazinha um grupo de pessoas para liderar e ela vai tratar essas pessoas muito mais como membros de sua família do que como participantes de uma equipe de trabalho que esperam dela um comando decidido, embora humano. Com tais atitudes, a garota boazinha nega os próprios talentos, que poderiam torná-la um exemplo de boa liderança. As mulheres, porém, exercem o comando durante todo o tempo – embora não dêem a isso o nome de *liderança*.

As experiências profissionais e pessoais nos deram condições de desenvolver habilidades importantes, como equilíbrio, visão estratégica e ousadia para assumir alguns riscos. Deram-nos também a capacidade de motivar as pessoas a dar o máximo de si, de formar equipes de alta performance e de capitalizar nossa inteligência emocional – ingredientes essenciais da boa liderança nos dias de hoje. Fazendo uso de termos práticos e de exemplos claros, este livro mostra as muitas formas pelas quais você já apresentou essas e outras qualidades de liderança. Eu o escrevi porque desejo demonstrar que você, leitora, *é* uma líder e *tem* todos os atributos necessários para comandar uma família, um projeto, uma equipe, um departamento, uma empresa ou uma nação. Essa escolha depende de você. Minha tarefa é oferecer-lhe os meios para fazer isso com mais confiança.

Aplico com freqüência, em minhas aulas e palestras sobre liderança, um exercício em que peço às pessoas que citem os líderes que mais admiram. Como você pode imaginar, logo surge uma longa lista de homens e uma relação modesta de mulheres. Em todas elas, no entanto, aparece o nome de Madre Teresa de Calcutá. *É claro.* Ela representa, sem dúvida, o estereótipo da líder feminina – dedicada e compassiva, sempre pronta ao sacrifício para servir seus semelhantes. Não existe um nome feminino equivalente a John F. Kennedy e Colin Powell, por exemplo – nem, felizmente, a Adolf Hitler e outros do tipo. Esses homens têm em comum a capacidade de dirigir os outros no rumo de determinados objetivos – mesmo que tais objetivos não sejam, algumas vezes, exatamente desejáveis ao bem comum. Quando alguém em minhas palestras ousa mencionar Hillary Clinton, senadora do Estado de Nova York ou Condoleezza Rice, secretária de Estado dos EUA, isso provoca debate. Embora as mulheres dessa importância tenham habilidades de liderança exemplares, não são, de modo geral, reconhecidas nem aceitas como líderes. Por quê? Em parte porque a credibilidade de uma mulher não a acompanha de uma realização bem-sucedida a outra. Ela precisa provar a própria capacidade em cada novo desafio. Segundo a escritora Margaret Atwood: "Ainda vemos um homem poderoso como um líder nato e uma mulher poderosa como uma anomalia".

Inúmeras mulheres – e esse talvez seja seu caso – hesitam em assumir o papel de líderes por medo que sejam tachadas de autoritárias, agressivas, egocêntricas ou coisa pior. Pelas mesmas razões que nos impedem de lutar pelos postos ou pela estabilidade financeira que merecemos, também deixamos de perseguir os meios que nos conduziriam, mediante a liderança, a novos níveis de carreira e à plena realização pessoal. Nos tempos de colégio, candidatei-me à função de monitora da classe concorrendo com meu namorado na época. Venci, mas minha vitória foi o suficiente para agredir seu ego a ponto de minar nosso relacionamento. Anos mais tarde, já na faculdade, quando concorremos novamente e tornei a derrotá-lo, reagiu como se o fato tivesse ofendido sua masculinidade. Se ocorresse o contrário e ele vencesse uma das eleições, ou ambas, nosso namoro não teria sofrido os mesmos efeitos, pois isso seria socialmente aceitável.

Ainda em pleno século XXI, as mulheres são treinadas desde o nascimento para serem, sobretudo, assessoras e companheiras, e não líderes. Hostilizadas pelos homens *e* pelas outras mulheres por um hipotético excesso de "agressividade" e relutantes em adotar comportamentos que não sejam considerados pelo menos *colaboradores,* as "garotas boazinhas" do mundo inteiro simplesmente fogem de situações de comando. Se já houve na História, por ironia, um momento em que a liderança feminina se tornou indispensável, nós o atravessamos exatamente agora. Nas grandes corporações e nas entidades sem fins lucrativos, assim como em todos os tipos de organização, existe uma nova geração de trabalhadores e voluntários que rejeitam a liderança meramente hierárquica. Os líderes já não podem ordenar nenhuma tarefa a seus subalternos sem antes lhes dar uma explicação lógica e razoável – e é neste ponto que você entra.

As mulheres, durante séculos, aprimoraram, ainda que de forma inconsciente, as qualidades ideais necessárias à boa liderança. Quer pela prática natural, quer pela educação, as competências femininas para desenvolver relações positivas, encorajar e motivar as pessoas na busca do sucesso, zelar cuidadosamente pelos métodos de comunicação e gerar ambientes baseados na confiança e na segurança representam apenas alguns dos comportamentos que as qualificam a ocupar postos importantes de liderança. Pensando naquelas que em minha opinião revelaram tais características, fiz a seguinte lista:

- Hillary Clinton – ex-primeira-dama dos Estados Unidos e atual senadora pelo estado de Nova York
- Anne Mulcahy – presidente da empresa Xerox
- Billie Jean King – pioneira da prática do tênis feminino
- Elizabeth Dole – senadora pelo estado da Carolina do Norte
- Mary Kay Ash – fundadora da empresa norte-americana de cosméticos Mary Kay (uma das líderes mundiais em seu segmento)
- Gail Evans – escritora e ex-executiva da rede CNN
- Madre Teresa de Calcutá – religiosa humanitária

- Sherry Lansing – ex-presidente da empresa de cinema Paramount Pictures
- Vera Wang – *designer* e líder de um império do campo da moda
- Margaret Thatcher – ex-primeira-ministra da Grã-Bretanha
- Golda Meir – ex-primeira-ministra de Israel
- Sandra Day O'Connor – ex-ministra da Suprema Corte de Justiça dos Estados Unidos
- Meg Whitman – presidente da eBay

Você talvez se pergunte por que mencionei algumas mulheres e omiti outras. Eu explico: se uma mulher, apesar do sucesso obtido na liderança de vários tipos de empresa ou causa, não passar em meu "teste (muito) 'científico' do café" ("Será que eu gostaria de sentar-me com ela para tomar uma xícara de café?"), então vai ficar fora da lista. Os grandes líderes são pessoas que fazem com que os outros se sintam bem em sua companhia e possuem alta inteligência emocional. Sem demonstrar necessidade excessiva de agradar a quem quer que seja, tornam-se mesmo assim populares. Se você costuma dizer "Não estou aqui para vencer nenhum concurso de popularidade, e sim para fazer meu trabalho", pense duas vezes. As pessoas não apenas deixam de seguir os líderes que não apreciam como também sabotam seus esforços.

Há uma qualidade comum a todas as mulheres citadas como boas líderes que, aliás, define o que é liderança: *a capacidade de motivar as pessoas para segui-las.* Se houver um líder, também deverá haver pelo menos um seguidor, e os seguidores esperam dos líderes, nos dias de hoje, justamente o comportamento e as características que as mulheres aprendem desde a infância. As pessoas desejam ser menos forçadas e mais influenciadas, menos criticadas e mais recompensadas, menos dirigidas e mais incluídas. Isso não significa que os homens não possuam essas qualidades nem queiram apresentá-las. Significa apenas que as mulheres, quando têm oportunidade, costumam demonstrá-las de maneira mais natural, confiante e espontânea.

Depois de fazer a lista das líderes que mais admiro, enumerei o comportamento que as caracterizaram e as tornaram conhecidas e respeitadas. Para minha surpresa, descobri que essas mulheres têm várias qualidades em comum:

- Visão clara dos objetivos desejados
- Capacidade de equilibrar estratégia e diplomacia
- Disposição para assumir riscos
- Capacidade de influenciar as pessoas

- Capacidade de inspirar e motivar os outros
- Capacidade de formar equipes para ajudar as pessoas que as compõem a realizar as próprias metas
- Alta inteligência emocional

Fiquei surpresa porque eu havia organizado antes uma relação de comportamentos que julgava essenciais às lideranças bem-sucedidas – e cada uma das características apresentadas *já constava* dessa minha lista!

O exercício não apenas serviu para mostrar-me que eu estava no caminho certo como também forneceu as bases de cada capítulo deste livro. Partindo do desenvolvimento da capacidade de visão dos melhores métodos para atingir metas por intermédio do planejamento adequado e das pessoas, *Mulheres Lideram Melhor que Homens* oferece a você um roteiro seguro para administrar praticamente qualquer situação. Existem outros comportamentos necessários a uma liderança poderosa? Sim – e há também muitos livros que os descrevem. Meu propósito, porém, foi escrever um livro focalizado nos poderes *naturais* das mulheres porque tais poderes estão no alicerce de nosso sucesso.

Cada capítulo apresenta as razões que me levaram a acreditar que as características de liderança que listei compõem o repertório de habilidades da maioria das mulheres. O livro também mostra as formas pelas quais você provavelmente já manifestou essas características em sua vida cotidiana e revela os meios de aprimorá-las tomando como base sugestões e modelos fornecidos ao longo do livro. Menciono exemplos de líderes femininas, algumas internacionalmente famosas, embora muitas delas sejam conhecidas apenas em seu campo de atuação. Este livro, no entanto, não fala das histórias *delas* – ele fala de *você*. Minha intenção ao citá-las é apenas apresentar algumas idéias para que você adote os mesmos comportamentos que fizeram delas pessoas de sucesso, assim como para que você tenha a oportunidade de aprender com os erros que cometeram.

Na condição de *coach* executiva, tenho visto que os erros cometidos tanto por homens quanto por mulheres levam os outros a duvidar de seu potencial de liderança. E os enganos relativos ao comando não são prerrogativas femininas. Acredito todavia que nossas famílias, comunidades e países são prejudicados quando mulheres capazes relutam em assumir lideranças. Perguntam-me com freqüência se acho que elas podem se tornar *melhores* líderes que os homens. Não, esta não é minha opinião. A competência dos líderes não depende do sexo ao qual pertencem. Eles são bons porque *possuem as qualidades e as características necessárias a determinada época e região.* Dizem que os grandes líderes são insubstituíveis.

O general George Patton, por exemplo, foi um líder extraordinário durante a Segunda Guerra Mundial, tanto que se tornou herói nos Estados Unidos, mas não acredito que se mostrasse capaz de comandar com a mesma eficiência as tropas atuais.

A essência da boa liderança é a capacidade de conduzir as pessoas aos lugares em que *precisam* estar, e não necessariamente aos lugares onde *desejam* estar. Se você tem filhos, com certeza conhece o desafio de convencer uma criança a ir para a escola num dia em que ela não quer fazer isso. Os coordenadores das entidades sem fins lucrativos enfrentam a desanimadora tarefa de motivar voluntários bem-intencionados, que nada recebem em troca, a atingir as mais diversas metas organizacionais. Durante as crises econômicas, supervisores e administradores suportam a responsabilidade de manter a estabilidade financeira das corporações. Existe, em todas essas dificuldades, um fio condutor: os líderes estão onde *devem* estar. A liderança, no fundo, requer uma série de habilidades e comportamentos que qualquer pessoa pode aprender, mas poucas escolhem. O exercício da liderança no século XXI é diferente do que era no início ou em meados do século XX. E são as necessidades dos seguidores que fazem a distinção entre as lideranças através do tempo.

Os termos *seguidores* ou *subordinados* aparecem com freqüência neste livro. Isso não tem nenhuma intenção desmerecedora; pelo contrário, significa apenas um meio de criar para você uma imagem de líder capaz de alinhar outras pessoas em torno de um propósito comum. Você também, como todos os líderes, precisa de colaboradores. Os seguidores atuais se parecem com os seguidores do passado no que se refere à procura por lideranças fortes. A diferença reside no fato de que eles, nos dias de hoje, querem participar do processo de tomada de decisões, esperam ser reconhecidos por suas realizações e desejam autonomia nos métodos adotados para alcançar as metas organizacionais.

Quem melhor que as mulheres para atender a esses requisitos? Nunca tivemos a intenção de liderar pela intimidação. Pergunte às mães os resultados disso. Tampouco recorremos à força bruta para conquistar a liderança. Qualquer mulher que já exerceu um cargo de chefia poderá listar os "adjetivos" que recebeu por causa de sua posição. As mulheres sempre precisaram liderar utilizando recursos como sabedoria, força de influência e habilidade de motivar. Mas agora finalmente chegou o momento de fazer bom uso dessas e de outras qualidades tipicamente femininas de liderança.

O fato de estar lendo este livro já me diz alguma coisa a seu respeito. Você quer liderar não para ganhar poder nem controle, e sim para fazer a diferença.

Deseja aproveitar a energia das pessoas de seu meio em benefício de todos aqueles que compartilham seus ideais. Pretende atingir as metas de sua empresa ou de seu campo de atuação porque, desta maneira, estará servindo a um propósito mais alto. E, finalmente, almeja a liderança porque também quer atingir seu pleno potencial. Pretendo, com este livro, mostrar a você como conseguir tudo isso. Não me limitei apenas à condução de grandes e pequenos projetos, mas também ajudei inúmeras pessoas a descobrir e dominar as próprias habilidades de liderança. Estudei líderes e liderança sob uma perspectiva bastante ampla. E não me julgo egocêntrica a ponto de afirmar que as idéias aqui contidas são unicamente minhas. Elas representam o somatório de uma vida inteira de estudo, leitura, colaboração e ensino no campo da liderança. Sempre que for possível e adequado, darei o devido crédito às pessoas que me ensinaram o que hoje sei.

No primeiro capítulo, você encontrará uma auto-avaliação que vai ajudá-la a identificar seus pontos fortes e os aspectos relativos ao comportamento de liderança que precisam ser desenvolvidos. Cada categoria apresentada na página de resultados (quadro da página 38) corresponde a um capítulo do livro que focaliza o mesmo tópico. Desta forma, após obter seu resultado, poderá passar de imediato aos capítulos mais importantes e úteis para você ou optar por aqueles que darão reforço a seus pontos fortes. Por acreditar que cada uma de nós deve liderar com as próprias forças, concentrei-me especificamente nos comportamentos em que as mulheres já se destacam – mesmo que ainda não tenham consciência disso. Da capacidade de equilibrar estratégia e diplomacia à habilidade de formar equipes eficientes, as mulheres passaram por experiências profissionais e pessoais que sem dúvida desenvolveram seus talentos de liderança. O propósito deste livro é iluminar para você esses talentos, ajudá-la a aprimorá-los e oferecer modelos que lhe permitam maximizar seu desempenho em funções de liderança.

Se você deseja ser uma grande líder, aborde essa meta como uma habilidade a ser aprendida – da mesma forma que aprendeu outras habilidades que a trouxeram ao ponto em que se encontra hoje. Alimento a esperança de que a leitura deste livro se torne um novo passo em sua jornada de liderança, pois a liderança é exatamente isso – uma jornada, e não um destino. Você nunca será uma grande líder graças à leitura de um livro apenas, mas sempre haverá um livro capaz de conduzi-la ao caminho de uma grande liderança.

Capítulo 1

O estilo feminino de liderança

Chegará o dia em que o homem reconhecerá a mulher como sua igual não apenas ao pé da lareira, como também na administração do país. Nesse momento, e não antes, nascerá o companheirismo perfeito e a união ideal entre os sexos, que resultarão no mais alto desenvolvimento da raça humana.

Susan B. Anthony, feminista do século XIX

As pessoas me perguntam com freqüência como escolho o tema de meus livros. Respondo que esses temas sempre derivam de meu desejo de compartilhar alguma coisa com os outros. Tal desejo é tão latente que, se não o atendesse, sentiria que minha missão de vida não estaria completa. Exatamente pela mesma razão escrevi *este* livro. Acredito que vivemos uma época em que a liderança e a influência femininas não são apenas necessárias – são indispensáveis. Mais importante ainda, *sei* que as mulheres têm capacidade, força, coragem e amor suficientes para liderar comunidades, empresas, organizações sem fins lucrativos ou grupos de apoio, conduzindo-os de forma ideal. Elas fazem isso há séculos – e você também pode fazê-lo.

Talvez você não pretenda ser presidente nem diretora de uma grande corporação, mas sempre existe a possibilidade de vir a ocupar uma posição que a fará exercer influência sobre os outros. Isso é liderança. Talvez você seja responsável pelas reuniões da associação de amigos do seu bairro. Isso é liderança. Talvez, ainda, você tenha idéias que contribuam com a melhoria da empresa da qual faz parte – e isso também é liderança. As mulheres lideram o tempo todo, embora não chamem de liderança aquilo que fazem. Pensam em suas atividades como trabalhos cujo propósito é a realização de metas comuns a todos, a obtenção de resultados graças ao esforço conjunto das pessoas ou simplesmente a execução de tarefas que precisam ser feitas. No entanto a liderança, de fato, está relacionada a tudo isso.

O estilo feminino de liderança nem sempre foi valorizado, mas ele está se destacando na sociedade, embora as pessoas ainda hesitem em falar sobre isso. A discussão aberta sobre esse fenômeno significaria um desafio à forma como tradicionalmente vemos a liderança – e os *seguidores*. Significaria também a necessidade de adotar um conceito que muitos consideram ameaçador: a liderança absoluta, do tipo comando-e-controle, perdeu a força, não funciona mais. Os subordinados, as crianças e os voluntários já não aceitam ordens ilógicas nem arbitrárias sem discutir. Na verdade, neste início do século XXI – e talvez por muito tempo ainda –, os seguidores esperam de seus líderes atitudes e qualidades características do comportamento feminino. Através da História, embora detentoras de pouca ou nenhuma autoridade formal, as mulheres sempre influenciaram rumos, mudanças e resultados – apenas nunca foram ousadas o bastante para chamar essa influência de liderança.

Não quero dizer com isso que os homens não apresentem tais qualidades, e sim que as mulheres desempenham seu papel de condutoras com mais naturalidade, confiança e espontaneidade – desde que não se dê a isso o nome de *liderança*. A face mutante da liderança representa uma ameaça para os homens porque exige deles atitudes e pensamentos que contrariam sua formação e, algumas vezes, o papel social para o qual foram educados. As mulheres, por seu lado, também podem sentir-se ameaçadas porque as situações de liderança requerem delas uma tomada de responsabilidades que raramente enfrentaram antes, além da revelação de habilidades e capacidades que foram, de modo geral, orientadas a esconder, evitando chamar sobre si mesmas a atenção alheia.

As líderes boazinhas normalmente sentem grande dificuldade em assumir com eficiência o papel que lhes é incumbido, o papel de liderança. Quando o aceitam, procuram proporcionar felicidade a todos (o que, como sabemos, é impossível) e adiam as tomadas de decisão porque tentam conseguir adesão sem exceções. Em geral hesitam em correr alguns riscos necessários por medo de questionar e desafiar os mais poderosos, além de adotar um estilo de comunicação que compromete sua confiança e credibilidade. Cada um desses comportamentos, ironicamente, poderia trabalhar em seu favor se pelo menos conseguissem equilibrá-los com novas atitudes que consolidassem um tipo mais eficaz de liderança. Em outras palavras, as líderes boazinhas devem afastar-se de vez do papel social aprendido na infância e assumir sua condição de mulheres adultas, pois isso bastaria para transformá-las em excelentes líderes de sua época. Contudo esse é, sem dúvida, um passo gigantesco.

A sociedade prestou um tremendo desserviço tanto aos homens quanto às mulheres ao colocar o ônus da responsabilidade pela liderança predominantemente sobre os ombros masculinos. Isso fez com que os homens relutassem em

- Enfatizam tanto a consolidação das relações humanas quanto a coleta de fatos e informações.
- Discutem com maior freqüência as possíveis abordagens dos negócios e incorporam as idéias dos outros antes de tomar decisões finais.

Esses e outros fatores combinados levaram-me à conclusão de que as mulheres não apenas têm *capacidade* necessária para se tornar grandes líderes de nosso tempo como também a *responsabilidade* para isso. Assim como estão encarregadas da missão primordial de criar e formar a próxima geração, elas têm a responsabilidade similar de garantir que os sistemas e as instituições nos quais essa nova geração terá de confiar sejam fortes e saudáveis. As mulheres precisam deixar de ser coniventes com aqueles que, subconscientemente ou não, lhes negam a inclusão a que têm pleno direito. Conforme disse Eleanor Roosevelt, diplomata e ativista dos direitos humanos: "Ninguém pode fazer você sentir-se inferior sem seu consentimento". Quando permite que os outros façam isso, você se torna *conivente* com eles e permanece em posição inferior. Toda mulher, pelo contrário, deve aprender como maximizar o uso de seus dons naturais dentro de um sistema que tenta negar o valor e a necessidade desses dons. Trata-se de uma tarefa formidável, embora nunca difícil demais para uma coletividade que durante séculos confiou em sua sabedoria e sua força interior para triunfar sobre a discriminação e a opressão.

POR QUE AS LÍDERES BOAZINHAS NÃO ATINGEM BONS RESULTADOS

A maioria dos *workshops* que conduzo apresenta um módulo sobre solução de problemas em regime de colaboração. Esse módulo é gravado e depois exibido para que os participantes tenham a chance de observar a si mesmos como os outros os vêem. As instruções, dadas com antecedência, pedem que as pessoas aguardem que a câmera seja ligada antes de iniciar as atividades. Com apenas duas exceções ao longo de quase vinte anos, a primeira pessoa a falar depois que a câmera entra em operação sempre foi um homem. Embora sejam experientes e competentes, as mulheres hesitam em assumir a liderança. As razões disso são tão diferentes quanto elas próprias. Quando manifestam comportamentos típicos de liderança (sobretudo de forma espontânea, antes que lhes solicitem tais atitudes), enfrentam uma ampla gama de reações sutis e muitas vezes nem tão sutis – dos homens e das outras mulheres. Eis algumas dessas reações:

- Manifestação de expressões e adjetivos (normalmente ditos às escondidas) que agridem sua feminilidade.
- Raiva expressada ruidosamente ou com agressiva passividade.
- Desafio e desrespeito aberto, em vez de incentivo, a suas idéias.
- Manifestação de descaso pelas idéias novas apenas para repeti-las depois e atribuí-las aos homens do grupo.
- Exclusão de reuniões futuras.
- Sonegação de informações importantes para um bom julgamento das situações de trabalho.
- Contestação do "direito" de liderar ("Quem ela pensa que é?", por exemplo).
- Ordens posteriores para executar funções e tarefas menores destinadas a "manter a atrevida em seu lugar".
- Frases controladoras do tipo: "Vá com calma" ou "Não exagere".
- Zombaria ostensiva.

Em face de tantas reações negativas, não é de se admirar que as mulheres relutem em liderar! Por isso mesmo, porém, é tão importante que elas vejam conscientemente tais reações como respostas naturais de um sistema que tenta manter o *status quo* e evitem a conivência com essas atitudes.

No clássico livro de 1977 de Betty Lehan Harragan, cujo título é *Games Mother Never Taught You: Corporate Gamesmanship for Women* [Os Jogos que Sua Mãe Nunca Ensinou: Truques Corporativos Masculinos para Mulheres], a autora usou metáforas e definições masculinas para ajudar as mulheres a compreender melhor a forma mais eficiente de vencer no jogo dos negócios. Embora desbravador na época, o livro as induziu a acreditar que lhes faltava, de maneira contínua por gerações, conhecimento ou habilidades suficientes para competir na arena corporativa. Muitos outros livros seguiram esse modelo, e logo a própria essência do estilo feminino de liderança se perdeu em treinamentos, jargões profissionais e excessiva preocupação com o vestuário mais adequado a uma executiva. Como resultado, as mulheres preferiram ocultar suas habilidades naturais e tentaram, por sua vez, imitar os comportamentos – muito valorizados, aliás – associados ao estilo masculino de liderança.

Fiquei honrada quando a doutora Judy Rosener, professora emérita da Escola de Administração da Universidade da Califórnia, concordou em comentar o assunto comigo. Ela escreveu, em 1990, um artigo na *Harvard Business Review* intitulado "Ways Women Lead" [Formas de Liderança Feminina]. Embora tenha escrito muita coisa excelente depois, esse artigo representa o pensamento básico sobre o tema. Ela era uma pioneira na época – e ainda é. Seu artigo foi o primeiro a sugerir que as mulheres possuem um estilo de liderança diferente do masculino – embora igualmente eficaz. Assim, transformou o pensamento de muitas de nós. Em vez de *preciso agir como os homens para obter sucesso como líder,* dizemos hoje a nós mesmas: *as qualidades que uso no ambiente de trabalho, quer naturais, quer desenvolvidas por formação, têm valor intrínseco.* Judy Rosener escreveu:

> O sucesso das mulheres mostra que um estilo novo de liderança é bem adequado às condições de alguns ambientes de trabalho e pode elevar as chances de sobrevivência de uma organização no incerto mundo dos negócios.

Quando, dezesseis anos depois, tive a oportunidade de entrevistá-la, fiquei ansiosa por ouvir suas idéias sobre as mudanças ocorridas durante todo esse período. Eis aqui seus comentários:

> A grande diferença atual é o fato de que as mulheres já não acham ser necessário agir como os homens para se tornar boas líderes. Meu artigo ajudou a alertá-las, e hoje acreditam que nos ambientes em constante mutação por causa da alta tecnologia e da globalização existem certos atributos particularmente eficientes que elas possuem e devem manifestar. As mulheres ficam muito mais à vontade quando podem agir com naturalidade e se constrangem nos treinamentos que pretendem torná-las parecidas com os homens. É por essa razão que estão deixando as corporações para trabalhar por conta própria. Flexibilidade, colaboração e experiência no desempenho de tarefas múltiplas são qualidades bem desenvolvidas nas mulheres graças a seu papel social e a sua natureza. Elas hoje migraram do "modelo conveniente" (para obter sucesso é preciso adaptar-se) para o "modelo organizacional", o que significa a intenção de se juntar a uma empresa na qual o que fazem é valorizado e recompensado. Talvez seja uma condição subconsciente, mas o fato é que as mulheres com quem falo estão em constante transição. Não querem mudar apenas pelo sucesso. Precisam conhecer e compreender seu ambiente de trabalho, mas não devem acreditar que suas habilidades de liderança representam um problema, pois o problema não reside nelas.

Concordo inteiramente com essa afirmação. No passado, as mulheres que não quisessem evidenciar suas habilidades naturais tinham as seguintes opções:

permanecer passivamente em funções subalternas, deixar a empresa para abrir o próprio negócio ou abandonar o mercado de trabalho para constituir família, aposentar-se ou lecionar. Embora o mundo corporativo comece a aceitar com lentidão (e não sem alguma relutância) o conceito de estilos de liderança diferentes, mas equivalentes, entre homens e mulheres, o resultado ainda é o êxodo feminino das empresas justamente no momento em que suas qualidades se mostram tão necessárias para a melhoria da produtividade e do moral. O número de mulheres que optam pelo negócio próprio está crescendo a taxas que atingem o dobro da média de todas as outras atividades empresariais registradas entre 1997 e 2002. A iniciativa feminina injeta mais de 2,8 trilhões de dólares de rendimentos na economia dos Estados Unidos e gera empregos para mais de 9,2 milhões de pessoas.

As mulheres podem e devem combinar seu papel social e seus instintos naturais para gerar o tipo de liderança indispensável ao desenvolvimento das qualidades individuais e coletivas presentes nos ambientes atuais de trabalho. É apenas uma questão de aprimorar seus talentos e enriquecê-los com alguns comportamentos complementares para oferecer uma abordagem convincente (e muito necessária) da liderança.

POR QUE AS MULHERES E POR QUE AGORA?

Os líderes são bem-sucedidos apenas enquanto atendem cuidadosa e adequadamente às necessidades imediatas de seus seguidores. Em outras palavras, *você deve ser uma líder de seu tempo.* No mundo atual dos negócios, por exemplo, sem considerar o aspecto da tecnologia, é muito improvável que um empresário como Tom Watson pudesse erguer com êxito a gigantesca corporação que conhecemos como IBM ou que um empreendedor como Henry Ford conseguisse tornar-se um pioneiro tão brilhante da indústria automobilística. A realização de seus objetivos só foi possível porque ambos entenderam as necessidades de seus seguidores *relativas à época.* A política de "emprego integral" de Watson destinava-se a suprir a insegurança dos trabalhadores durante o período da Depressão. Ele sabia que, se mantivesse o emprego de todos (embora à custa da redução da carga horária e dos salários) em vez de optar pela demissão em massa, isso garantiria a lealdade de seus funcionários em tempos mais prósperos. A automação do processo de manufatura criada por Henry Ford possibilitou uma espécie de estabilidade financeira dentro de uma estrutura hierárquica pela qual os trabalhadores ansiavam na ocasião. Os dois industriais souberam interpretar as condições do mercado de trabalho de sua época e as usaram em seu favor.

Os mesmos conceitos continuam válidos na sociedade contemporânea. A habilidade de motivar as pessoas, por exemplo, segue hoje regras diferentes das de dez anos atrás. As razões dessa mudança de expectativa dos profissionais são variadas e complexas. Abrangem os efeitos de uma década de *downsizing*, os avanços da tecnologia, as alterações demográficas ocorridas na força de trabalho, as transformações de padrões sociais, como o aumento do número de divórcios e famílias geridas apenas pelo pai ou pela mãe e a globalização. Todos esses fatores, combinados, criaram um cenário em que os paradigmas tradicionais de comando-e-controle, de favorecimento do administrador em detrimento do líder e das posições de poder perderam a força e o valor.

A morte do tipo "comando-e-controle" de liderança

Os dias de prestígio desse modelo de liderança já passaram. Foi um estilo caracterizado pela obediência cega a regras estritas, por uma cadeia rígida e vertical de comando hierárquico e pela ênfase na vitória a qualquer custo. Os trabalhadores atendiam às ordens dos administradores simplesmente por acreditar que, pelo fato de representarem a autoridade, eles (quase sempre homens) mereciam respeito. Esse estilo de liderança derivou do *modelo militar masculino* que presumia que aqueles que não possuíam autoridade formal não tinham outra função na vida senão cumprir ordens.

Embora fosse o tipo preferido de liderança durante a maior parte do século XX, o comando-e-controle não sobreviveu a sua utilidade. Mesmo em organizações paramilitares (organizações particulares de cidadãos armados e fardados sem, contudo, pertencerem às forças militares regulares) como o Corpo de Bombeiros, as várias forças policiais e outras operações de emergência, esse estilo de liderança tem hoje uso bastante limitado, e seu valor prevalece apenas em circunstâncias extremamente graves. Quando dá resultado, propicia um modelo segundo o qual todos podem atuar com eficiência máxima. Caso contrário, porém, cria-se uma situação similar à que se viu após a passagem do furacão Katrina em agosto de 2005, que atingiu a região sul dos Estados Unidos: confusão, ausência de liderança efetiva e acusações em vez de soluções. Além disso, sua eficácia é apenas momentânea. A liderança do tipo comando-e-controle nada faz para elevar o moral e melhorar a produtividade corporativa em situações normais, e essa é uma questão relevante que as entidades paramilitares estão sendo forçadas a analisar com mais cuidado para motivar sua força de trabalho, que hoje apresenta crescente diversidade. Esse estilo de liderança perdurou até agora por várias razões:

- A força de trabalho, composta predominantemente de homens, entendia e respeitava a hierarquia.
- O setor industrial, motor econômico de inúmeras nações, adotou amplamente o modelo.
- Anos de guerra e de crise levaram homens e mulheres a compreender com facilidade as causas e os limites do comando-e-controle.
- A força de trabalho relativamente inculta e despreparada da época deixou-se governar pela crença de que os detentores da autoridade sabiam mais.
- As mulheres e os negros evitavam desafiar o modelo por medo de perder seu já difícil ganha-pão.

Nesta época de profissionais talentosos e bem preparados, na qual predominam a informação, a tecnologia, as telecomunicações e as organizações horizontais, o modelo comando-e-controle de liderança não surte mais nenhum efeito. As pessoas não querem que lhes digam o que fazer nem quando e como deverão executar seu trabalho. Elas, aliás, já não permitem isso. Os administradores que continuam a apelar para esse modelo (e há muitos mais do que você poderia imaginar) provocam uma reação de *consentimento subversivo:* os funcionários fazem exatamente o que eles mandam, mas procuram formas não-verbais de sabotá-los. Veja os seguintes exemplos:

- Danilo, gerente de contabilidade, dá a Joana, sua funcionária, a ordem de preparar um relatório de determinada maneira. A moça tenta explicar que, se o atender, o relatório vai omitir alguns fatos-chave, mas o estilo comando-e-controle de Danilo o impede de lhe dar ouvidos. Joana diligentemente prepara o documento de acordo com as instruções do chefe. Quando ele fizer sua apresentação diante da diretoria da empresa, e a funcionária sabe muito bem disso, não será capaz de responder a certas perguntas sem os dados adicionais que sugeriu. Em vez de discutir novamente com Danilo, a moça apenas reflete: "Se é isso que ele quer, é isso que terá". E Joana nada mais faz para evitar que seu chefe, mal preparado, passe por momentos constrangedores diante da diretoria.

- Jorge é um vendedor de microcomputadores recém-contratado por uma loja. Durante o treinamento, ele educadamente sugere o acréscimo de vários serviços ao ato da venda para garantir a satisfação dos clientes. Tais serviços, porém, não fazem parte da rotina da loja. Cristina, a gerente, adepta do estilo comando-e-controle, adverte o rapaz, com muita clareza, de que, se não agir de acordo com suas ordens, não sobreviverá ao período de experiência. Algumas semanas depois, quando um cliente solicita pelos serviços sugeridos por Jorge e rejeitados pela gerente, o jovem vendedor não vacila: indica-lhe um concorrente que costuma prestar esses serviços.

Como se pode ver, o consentimento subversivo, motivado pelo ultrapassado método comando-e-controle de liderança, provoca custos desnecessários às empresas em termos de falta de competência, atitudes erradas, perda de clientes ou de fornecedores e redução de produtividade. O estilo com que as mulheres habitualmente abordam o trabalho e a liderança oferece um modelo novo e saudável graças ao qual os administradores de ambos os sexos poderiam aprender e evoluir.

Administração versus *liderança*

O declínio do estilo comando-e-controle trouxe nova luz sobre as diferenças entre administração e liderança. Muito se escreveu sobre o assunto, o qual pode ser resumido em uma simples frase: *você administra funções e lidera pessoas.* É possível, por exemplo, gerir orçamentos, contratações, resultados quantificáveis ou sistemas de informação, mas não seres humanos. O método de comando-e-controle foi uma tentativa de *administrar* pessoas, mas, conforme destaquei, mostrou-se, em última análise, ineficaz diante das mudanças de atitude ocorridas no ambiente de trabalho. As pessoas não querem ser *administradas,* elas desejam *liderança* – atenta e humana. Nesses termos, a *administração* está mais alinhada com os traços masculinos de comando, enquanto a *liderança* revela maior sintonia com as características femininas.

Acredito que as mulheres têm as qualidades ideais para desempenhar ambas as funções – administração *e* liderança. Por quê? Vamos olhar a questão desta maneira: se você sempre foi capaz de elaborar horários e organizar todas as tarefas relativas à gestão da casa e da família, a administração de projetos, cronogramas e orçamentos, assim como a habilidade de lidar com pessoas diferentes, não será tão difícil. Ao longo de sua rotina de vida, você provavelmente já aprimorou os talentos necessários para liderar *e* administrar.

Compreendi a importância da distinção entre liderança e administração durante uma apresentação que fiz, anos atrás, para um grupo de pessoas do setor turístico e hoteleiro – *promoters*, agentes de viagem e representantes de hotéis, entre outros. Quando um dos participantes, um homem, discordou da diferenciação que fiz entre liderança e administração, uma mulher encarregada da supervisão da equipe de copeiros e faxineiros de uma conhecida rede hoteleira o contradisse, apoiando minhas palavras e afirmando ser impossível gerir pessoas, e acrescentou: "Se alguém duvidar disso, que tente *administrar* gente cuja única função é limpar quartos de hotel. Não há nada mais fácil que a avaliação da limpeza de um cômodo, mas convencer as pessoas a fazer isso direito é outra história". O sucesso dessa tarefa, ela insistiu, depende da capacidade de liderar e não de administrar.

A *gerência* de pessoas, portanto, seria como a tentativa de ensinar um porco a cantar: você se frustraria e aborreceria o porco. A forma como as mulheres, sem poder de controle nem autoridade formais, conquistaram o apoio de muitos seguidores graças a suas qualidades de liderança, e não a suas habilidades administrativas, detém o segredo do sucesso da arte de liderar no novo milênio.

Uma nova definição de poder e liderança

Durante uma apresentação que fiz para um grupo de paramilitares da área de saúde sobre motivação da força de trabalho, comentei que a nova geração de empregados já não "acata" as figuras da autoridade. Percebi um movimento discreto de concordância dos ocupantes do fundo do auditório, onde havia algumas pessoas de meia-idade, homens e mulheres uniformizados. Quando pedi sua participação, todos colaboraram de boa vontade reafirmando as mudanças ocorridas nas últimas duas décadas: o pessoal sob seu comando já não obedecia às ordens recebidas apenas porque partiam de figuras de autoridade. Explicaram também que essa situação gerava dificuldades para os mais velhos, que não conseguiam ajustar-se a novos estilos de liderança mais adequados à época.

Nos ambientes de trabalho – e não apenas no setor militar –, os líderes apoiavam-se tradicionalmente na chamada *posição de poder*. Esse é o tipo de autoridade que sempre acompanhou postos como o de supervisor, gerente, diretor e vice-presidente ou patentes como as de sargento, tenente e general. Os líderes tinham o respaldo dessas posições de poder porque havia, inerente a elas, a ameaça de punição caso suas ordens não fossem cumpridas. Os profissionais da nova geração, porém, não respeitam mais a posição de poder tão-somente, isso porque já viram a desmoralização pública de líderes políticos corruptos, assistiram à derrocada moral existente no mundo corporativo e experimentaram o declínio do respeito aos valores familiares. A posição de poder, assim, não os motiva nem os intimida.

Uma vez que as mulheres jamais foram, em princípio, privilegiadas pelas posições de poder, tampouco aprenderam a apoiar-se nelas. Sentem-se, na verdade, pouco à vontade até mesmo ao empregar a palavra *poder* em relação a si próprias. Meu interesse nessa questão nasceu no final dos anos 1980, quando me dediquei à prática da psicoterapia atendendo mulheres executivas. Sempre comentava com elas minha estranheza pela aparente incoerência existente no fato de profissionais tão poderosas permitirem ser tratadas, muitas vezes, de forma inadequada ou desrespeitosa. A resposta que todas davam era mais ou menos assim: "Poderosa, eu? Não sou poderosa". Em minhas pesquisas encontrei as razões desse tipo de comportamento:

- Mensagens sociais recebidas desde a mais tenra infância sugerem que o poder diminui a feminilidade.
- Os homens, por tradição, sempre controlaram o poder. Por isso, o fato de considerar-se poderosa leva a mulher à crença de estar "roubando" esse poder das figuras masculinas importantes de sua vida – pai, irmão, avô, professores e assim por diante.
- As mulheres poderosas são freqüentemente solitárias e recebem inúmeros julgamentos pejorativos.
- Houve, até pouco tempo atrás, grande escassez de modelos femininos de poder.

Desde a experiência vivida com a prática da psicoterapia, passei a incluir em minhas apresentações alguns comentários sobre poder. As discussões subseqüentes e seu significado costumam esclarecer as diferenças entre sua definição masculina e feminina. Enquanto os homens quase sempre vêem o poder como a capacidade de conseguir que *os outros* façam o que eles desejam ou de exercer controle sobre as pessoas, as mulheres preferem defini-lo como a capacidade de conseguir o que *elas* desejam ou de obter controle sobre si mesmas.

Isso certamente não quer dizer que as mulheres não sejam poderosas. O fato é que elas lidam com o poder de forma *diferente* dos homens e com estilo próprio, que corresponde melhor às expectativas dos seguidores contemporâneos. As mulheres tiveram, por força das circunstâncias, de apoiar-se em um repertório de técnicas especiais para atender às próprias necessidades e às necessidades de seus dependentes. Por essa razão, contam com uma gama mais ampla de habilidades de

MODELO FEMININO DE LIDERANÇA

influência e pouco se preocupam com posições de poder e o método comando-e-controle de liderança. O poder feminino deriva com freqüência da capacidade de conquistar a dedicação e a lealdade das pessoas graças à compreensão e ao bom atendimento de suas expectativas. As mulheres não apenas foram educadas para esse fim como também passaram anos praticando tal qualidade.

Quase todas as mulheres com as quais conversei, diante da pergunta sobre sua filosofia de liderança, citaram uma base de valores que formam a estrutura de apoio de seus comportamentos rotineiros nesse aspecto. Elas consultam constantemente esses valores para determinar a "correção" de suas diretrizes. Isso revela mais uma forma pela qual a sensibilidade da perspectiva feminina gera um modelo de liderança tão indispensável para nosso tempo.

O QUE OS SEGUIDORES REALMENTE QUEREM DOS LÍDERES

Não faltam livros que descrevam as qualidades necessárias aos líderes de sucesso. Especialistas norte-americanos em administração, como Peter Drucker e

Warren Bennis, sempre reiteram que a boa liderança requer algumas capacidades. Eis algumas delas:

- Estabelecer metas, alinhar pessoas na realização delas e desenvolver um plano para executá-las.
- Comunicar-se de modo que inspire confiança e credibilidade.
- Motivar os seguidores a manter os esforços necessários à realização dos objetivos organizacionais.
- Formar equipes capazes de compreender e valorizar a interdependência e a sinergia.
- Revelar inteligência emocional.
- Correr alguns riscos que tragam benefícios à empresa.
- Desenvolver uma forte rede de relações (*network*) que dê apoio à execução das metas e ao sucesso profissional.

Um exame mais atento dessa lista revela que as qualidades nela contidas são idênticas aos comportamentos que as mulheres apresentam graças a seu papel social maternal, dedicado e conciliador. São precisamente esses fatores que me levam a afirmar que *a liderança é uma arte feminina*. A sobrevivência das mulheres sempre dependeu dos comportamentos dos quais nossa sociedade tanto precisa nos dias de hoje. Ao mesmo tempo, a maioria das qualidades existentes na lista já foi chamada, pejorativamente, de "habilidades amenas". Por nada ter em comum com o modelo comando-e-controle, estiveram sempre relegadas a baixos níveis de importância, e muitos foram os líderes que não perceberam nelas sua condição real de fatores essenciais de sucesso.

Em qualquer condição que dê suporte às boas relações entre líder e seguidores, a mulher sempre demonstrou desempenho certeiro. Nas aldeias tribais, nas famílias, nas associações de bairro, nos hospitais, nas escolas, ou seja, em qualquer lugar onde é importante cuidar das necessidades básicas das pessoas, tantas vezes negligenciadas, as mulheres estão no centro das atividades. Por natureza ou por formação, o foco feminino se mantém sempre, entre outras prioridades, na garantia do bem-estar dos outros. As habilidades que as mulheres demonstram na busca desses objetivos – nas comunidades ou nas empresas – não podem ser subestimadas. Além disso, elas não se deixam seduzir por velhos paradigmas que apenas perpetuam o *status quo*.

Tenho um recurso que me ajuda a reforçar na mente dos participantes de meus *workshops* os conceitos-chave relativos à liderança: peço a eles que identifiquem os líderes que desempenharam papéis importantes em sua vida – professores, pais, mentores, religiosos, cônjuges, chefes e amigos – e depois contem ao grupo o que tornou essas pessoas tão significativas. Quaisquer que sejam as características dos participantes, suas listas quase sempre abrangem os seguintes comportamentos:

- Tratava-me como um ser humano e não apenas como um empregado.
- Acreditava em mim até nos momentos em que nem eu mesmo conseguia isso.
- Confiava em mim.
- Cuidava de meu bem-estar, e não apenas do que fosse melhor para a empresa.
- Defendia meus interesses.
- Mantinha sempre a palavra dada.
- Dava-me seu incentivo estabelecendo expectativas altas para mim e oferecendo-me as ferramentas necessárias para alcançá-las.
- Pedia minha opinião – e prestava atenção nas respostas.
- Suas atitudes eram sempre um bom exemplo.
- Era uma pessoa honesta que sabia admitir seus erros.
- Mantinha-me bem informado.
- Não punia meus erros, mas ajudava-me a aprender com eles mediante seus comentários – positivos ou negativos.
- Demonstrava entusiasmo pelo trabalho.
- Era firme, mas justo.

As pessoas afirmam que, diante de tais características, procuram comprometer-se profundamente com seus líderes. Não se trata, repito, de nenhuma técnica específica nem de habilidades extraordinárias, mas sim apenas da forma como o líder trata seus seguidores e do grau em que interage com eles – sobretudo como seres humanos. Quase todos os comportamentos presentes na lista fazem parte da natureza feminina. O compartilhamento aberto de informações, o encorajamento e a confiança, entre outras coisas, compõem alguns aspectos-chave do trabalho de parceria e do poderoso estilo interativo de liderança.

Embora muitas mulheres tenham dificuldade de reconhecer isso, a liderança não é nem nunca foi domínio exclusivo dos homens. O estilo feminino de liderança é diferente do masculino, porém não menos valioso – como as mulheres foram induzidas a acreditar. Empenhados em manter o controle e o domínio, os tradicionais detentores da autoridade tentaram diminuir nossa contribuição, e as mulheres, por sua vez, subestimaram seu potencial de liderança. Retornando ao conceito de que *você deve ser uma líder de seu tempo*, insisto no seguinte: *o tempo da liderança feminina é agora.* Se já houve um momento de extremos, esse momento é o atual: da necessidade de extrair o melhor das pessoas e de criar equipes interdependentes de trabalho à urgência de inspirá-las a superar a mediocridade que infesta nossos produtos e serviços. E as mulheres detêm a chave que torna possível fazer tudo isso com êxito, compreensão e competência.

AS MULHERES E A AUTO-AVALIAÇÃO DA LIDERANÇA

Um ingrediente essencial da liderança bem-sucedida é a capacidade de avaliar seus pontos fortes e os aspectos que precisam ser desenvolvidos – além de executar as correções de curso necessárias. Essa atitude dará o exemplo indispensável para que seus seguidores façam o mesmo. Ofereço-lhe agora a chance de identificar suas habilidades de liderança e também algumas oportunidades de crescimento. O questionário a seguir lhe dará um roteiro para fazer o melhor uso possível deste livro.

Responda às perguntas segundo a escala de 1 a 4 fornecida abaixo. Não pense demais antes de responder, apenas siga seu instinto. Seja honesta e não indique o que *deveria* fazer, apenas o que *de fato* faz. Caso não ocupe atualmente nenhuma posição de liderança, pense nas situações que exigiram de você os comportamentos descritos e nas reações que manifestou então. Repito: seja honesta, não tente parecer perfeita demais nem excessivamente crítica consigo mesma. Em ambos os casos, você estará apenas se iludindo.

1 = Comporto-me assim *raramente*
2 = Comporto-me assim *algumas vezes*
3 = Comporto-me assim *muitas vezes*
4 = Comporto-me assim *quase o tempo todo*

---

1. _______ Tenho uma visão clara do que desejo das pessoas, das organizações ou das atividades que lidero.
2. _______ Sei como avaliar um risco calculado.
3. _______ Procuro oportunidades de falar em público.
4. _______ Identifico e faço bom uso dos talentos individuais que me rodeiam.

5. _______ Enfatizo sempre a necessidade do trabalho de equipe bem integrado.
6. _______ Sou capaz de apontar meus pontos fortes e também meus pontos fracos.
7. _______ O sucesso profissional é extremamente importante para mim.
8. _______ Meus valores têm papel relevante nas metas e estratégias que estabeleço.
9. _______ Assumo riscos cujos benefícios os outros nem sempre enxergam de início.
10. _______ As pessoas costumam perguntar minha opinião.
11. _______ Meu entusiasmo é contagiante.
12. _______ Identifico oportunidades de colaboração para os membros de minha equipe.
13. _______ Sinto-me à vontade em eventos sociais.
14. _______ Tenho energia e resistência fora do comum.
15. _______ Prefiro conscientemente administrar projetos e liderar pessoas.
16. _______ Não me deixo paralisar por análises excessivamente prolongadas.
17. _______ Quando, durante as reuniões, meus superiores pedem por opiniões ou idéias, estou entre as primeiras pessoas que falam.
18. _______ Sou capaz de ajudar as pessoas a enxergar os benefícios de fazer coisas às quais talvez inicialmente resistam.
19. _______ Planejo as reuniões com antecedência para fazer bom uso do tempo dos membros de minha equipe.
20. _______ Sou capaz de interpretar e responder adequadamente as mensagens não-verbais das outras pessoas.
21. _______ Emano autoconfiança.
22. _______ Transformo idéias abstratas em planos tangíveis para o futuro.
23. _______ Procuro o apoio dos outros antes de assumir riscos, mas não confio cegamente em suas opiniões.
24. _______ Meu estilo de comunicação envolve e dirige a atenção das pessoas.
25. _______ Ofereço regularmente aos membros de minha equipe tanto *feedback* positivo quanto negativo.
26. _______ Alinho conscientemente as pessoas em torno da visão, da missão e das metas da equipe.
27. _______ Mantenho atitudes firmes e positivas mesmo durante as crises.
28. _______ Evoluo em ambientes inovadores.
29. _______ Analiso dados e situações antes de passar à ação.
30. _______ Digo coisas que os outros pensam, mas não se arriscam a dizer.
31. _______ Forneço dados, fatos e exemplos para reforçar minhas sugestões.
32. _______ Acredito que a maioria das pessoas se esforça para apresentar um desempenho excelente.

33. ______ Esclareço bem os papéis e as responsabilidades de todos os membros de minha equipe.
34. ______ Controlo meu humor e meu comportamento.
35. ______ Sou extremamente persistente.
36. ______ Questiono as formas tradicionais de pensar e de fazer as coisas.
37. ______ Prefiro errar ao assumir um risco calculado a agir apenas dentro da mediocridade segura.
38. ______ Expresso minhas opiniões em termos claros e firmes.
39. ______ Exijo esforços de mim mesma e dos outros para conseguir coisas aparentemente impossíveis.
40. ______ Coordeno os esforços de todos, identifico e afasto eventuais obstáculos ao sucesso da equipe.
41. ______ Compreendo as políticas organizacionais e consigo lidar bem com elas.
42. ______ Gosto de tomar decisões independentes.
43. ______ Procuro trabalhar com meus seguidores para articular claramente as metas mais elevadas e os passos necessários para alcançá-las.
44. ______ Confio em meus instintos e nem sempre preciso de fatos para confirmá-los.
45. ______ Costumo dar apoio às idéias coletivas.
46. ______ Acredito no paradoxo do controle: quanto mais eu tenho, mais devo ceder.
47. ______ Peço contas aos membros da equipe e os recompenso quando atingem as metas da empresa e as suas próprias.
48. ______ As pessoas parecem naturalmente atraídas por mim.
49. ______ Recupero-me rapidamente dos contratempos ou dos obstáculos inesperados.

Transfira suas respostas ao campo correspondente do quadro de resultados apresentada a seguir. *Some os resultados parciais de cada coluna* e depois *torne a somá-los no sentido horizontal para obter o resultado total.* Ao contrário de outros levantamentos, não vou revelar o que representa um "bom" ou "mau" resultado. O resultado "perfeito" deveria somar 28 pontos em cada coluna, perfazendo um total de 196 pontos. Se seu resultado ficar aquém dessa perfeição (e, acredite em mim, não conheço *ninguém* que seja perfeito), isso significa que existem aspectos que você precisa trabalhar mais. Examine melhor a categoria na qual obteve o resultado mais baixo – essa é a característica que requer atenção imediata. E em qual categoria está seu resultado mais alto? Essa é a qualidade de liderança que representa seu ponto mais forte.

CAPÍTULO 2 Estratégia *versus* diplomacia	CAPÍTULO 3 Riscos	CAPÍTULO 4 Influência	CAPÍTULO 5 *Coaching*	CAPÍTULO 6 Formação de equipes	CAPÍTULO 7 Inteligência emocional e popularidade	CAPÍTULO 8 Empresária
1	2	3	4	5	6	7
8	9	10	11	12	13	14
15	16	17	18	19	20	21
22	23	24	25	26	27	28
29	30	31	32	33	34	35
36	37	38	39	40	41	42
43	44	45	46	47	48	49
Total	Total	Total	Total	Total	Total	Total

Os capítulos subseqüentes correspondem a cada categoria citada na página de resultados. Sugiro que leia primeiro o capítulo relativo a seu resultado mais baixo e trabalhe os comportamentos e as sugestões correspondentes. Depois poderá ler os outros capítulos para atender a seu desenvolvimento geral. Mas lembre-se: o fato de ser boa em alguma coisa não significa que deva dispensar a utilidade das sugestões contidas em *cada* capítulo.

Capítulo 2

Se você consegue administrar sua casa, é porque tem estratégia

Ainda vemos um homem poderoso como um líder nato e uma mulher poderosa como uma anomalia.
Margaret Atwood, escritora canadense

Você tem capacidade estratégica se:

- Já conseguiu levar seus três filhos a três eventos diferentes em um sábado e, no mesmo dia, pegou a roupa no tintureiro, fez compras no supermercado e ainda preparou o jantar da família.
- Já foi capaz de planejar uma festa-surpresa de aniversário para seu marido enquanto estava no meio de uma viagem de negócios, enfrentava prazos apertados no trabalho e ainda cuidava de um parente idoso.
- Já participou da diretoria de uma organização sem fins lucrativos e enfrentou, com êxito, a responsabilidade de superar problemas administrativos e elevar o nível de desempenho dos colaboradores.
- Já se ofereceu como voluntária para liderar uma associação de bairro, as atividades ligadas a uma igreja, excursões ou alguma organização destinada a levantar fundos para comunidades carentes – e foi bem-sucedida.
- Já planejou as férias da família levando em consideração os interesses de cada um, suas preferências, seus gostos e suas aversões.

Todos esses comportamentos têm duas coisas em comum: *visão* e *planejamento*. As mulheres costumam equilibrar capacidade estratégica e diplomacia o tempo todo, mas não pensam em si mesmas como boas estrategistas. Na primeira vez em que me pediram um plano estratégico para meu departamento, senti o medo me dominar. Não me julgava capaz disso, pois jamais tivera aulas sobre planejamento estratégico. Não tinha a menor idéia de como deveria começar. Resolvi, então, ler sobre o assunto e descobri que de fato *tinha* capacidade estratégica, embora não chamasse assim essa qualidade. A estratégia não é muito mais complexa que a criação de um plano para o futuro e o desenvolvimento de um método sistemático para executá-lo. As mulheres, graças à necessidade que desde sempre tiveram de enfrentar tarefas múltiplas e estabelecer prioridades de importância similar em muitos aspectos de sua vida, tornaram-se excelentes estrategistas.

Você tem capacidade estratégica. Não permita que artigos acadêmicos nem termos eruditos escritos por especialistas no assunto diminuam sua autoconfiança nessa área. Este capítulo ajudará você a compreender bem os fundamentos do pensamento e do planejamento estratégico. Mas estratégia apenas não basta – é preciso equilibrá-la com tática, ou diplomacia, e ação. Estratégia sem ação não passa de sonho. Ação sem estratégia somente mantém o *status quo.* O equilíbrio entre estratégia e tática – que as mulheres estabelecem com toda a naturalidade, sem nem sequer pensar nisso – fortalece a liderança. Aja e sua *capacidade estratégica* lhe mostrará o caminho. A capacidade tática, por sua vez, lhe permitirá atingir esse caminho graças a comportamentos específicos e tarefas e etapas estabelecidas.

A doutora Tammy Wong, chefe de estratégia do departamento de organização da empresa Sun Microsystems, fez uma analogia, familiar a praticamente todas as mulheres, entre planejamento estratégico e dieta para perder peso:

> Você começa por estabelecer um plano: "Quero ser magra" ou "Quero ser saudável". Em seguida, elabora sua meta: emagrecer 5 quilos, por exemplo, ou até 10 quilos. Sabe, porém, que não poderá alcançá-la de forma saudável em apenas uma semana. Assim, trata de dividi-la em pequenos passos – que precisam ser cumpridos para atingir a meta maior. Isso quase sempre significa reduzir o consumo de calorias e intensificar a prática de exercícios físicos. Você, portanto, desenvolve um plano para conseguir as duas coisas: programa uma caminhada diária ou sessões de exercícios três vezes por semana e limita as calorias. Todos esses passos são elementos de um plano estratégico – embora não pensemos neles dessa maneira.

AS BOAS ESTRATÉGIAS COMEÇAM COM UMA GRANDE VISÃO

Quando o presidente George Herbert Walker Bush (o pai) expressou desdém pela *visão* com um de seus comentários ("Não entendo bem essa história de *visão*"), deixou os líderes corporativos sem reação. Muitos interpretaram essa frase como a negação da importância das visões. Mas, pelo contrário, as visões não apenas são importantes como também *imperativas* para os bons líderes. De fato, a constante mensagem deixada pela esmagadora maioria das mulheres com as quais conversei sobre liderança enfatizava a necessidade de uma visão clara. Ann Richards, ex-governadora do estado do Texas, disse-me pouco antes de morrer: "Para ser uma líder competente, a mulher precisa saber o que quer e também até onde vai levar as outras pessoas". Essa foi certamente uma das razões pelas quais ela mereceu a admiração de tantos – e não apenas no Texas.

Mary Kay Ash, fundadora da Mary Kay Cosmetics (uma das grandes líderes americanas no ramo de cosméticos) foi uma empresária que doava automóveis cor-de-rosa da marca Cadillac a seus empregados mais dedicados. Certa vez, quando o presidente de uma conhecida organização questionou essa estranha forma de reconhecimento, ela candidamente lhe perguntou: "E qual é então a cor dos Cadillacs que você dá a seus funcionários?". Poucas pessoas sabem, porém, do seguinte: quando Mary Kay deu início a seu negócio de cosméticos, ninguém poderia sequer sonhar que ela viria a competir, de maneira tão bem-sucedida, com empresas já famosas e solidamente estabelecidas como a Revlon, entre outras. Mary foi uma mãe solteira que pouco sabia sobre cosméticos e menos ainda sobre a administração de um negócio. Mas tinha uma visão: *gerar trabalho para muitas mulheres, dando-lhes assim a chance de se tornar financeiramente independentes e construir uma vida devotada a Deus em primeiro lugar, à família em segundo lugar e ao trabalho em terceiro lugar.* Então me pergunto: quantos líderes da atualidade desejariam trabalhar para estar em terceiro lugar na vida de *seus* seguidores?

A visão de Mary valeu a pena. Ela abriu a companhia em 1963 usando as economias de sua vida inteira, 5 mil dólares. Em 2003, a Mary Kay Cosmetics se tornou uma das maiores empresas de venda direta de cosméticos do planeta, empregando mais de 1 milhão de "consultoras independentes de beleza" espalhadas pelo mundo todo e apresentando um lucro anual de quase 1,8 bilhão de dólares. Não é indispensável, evidentemente, sonhar com um sucesso de tal magnitude, mas seria tolice deixar de aprender com a história dessa mulher incrível. A estratégia e a visão caminham de mãos dadas. Se você quiser desenvolver uma estratégia para aumentar a eficiência de um departamento, uma companhia, uma escola ou da administração de uma casa, será preciso abrir espaço em sua agitada rotina para uma coisa chamada *visão.*

John Kotter, escritor e professor de Harvard, ensinou-me muito sobre o assunto. Em seu livro *A Force for Change* [Uma Força de Transformação], ele descreve visão como "nada que seja místico nem intangível, mas simplesmente a descrição de algo (uma organização, uma cultura corporativa, um negócio, uma tecnologia, uma atividade) que está no futuro, quase sempre ainda remoto, em termos da essência do que deveria se tornar. Uma visão é, de modo geral, suficientemente específica para guiar de fato as pessoas, embora também vaga o bastante para encorajar iniciativas e permanecer relevante mesmo sob uma série de condições". Reflita sobre isso por um instante. *Qual é sua visão da atividade ou do empreendimento em que trabalha no momento? Deseja liderar?* Seja qual for sua escolha, se você já a compreendeu claramente, com certeza está envolvida com planejamento estratégico.

Pense nas histórias de sucesso das líderes citadas a seguir, que começaram com uma visão. Talvez você nunca as tenha considerado líderes, mas é isso que são ou foram. Fizeram com que muitos as seguissem – algumas vezes a lugares aos quais, de outra maneira, relutariam em ir:

- Madre Teresa de Calcutá – levou socorro e conforto a milhares de pobres.
- Marian Wright Edelman – estabeleceu uma organização (Children's Defense Fund [Fundo de Defesa da Infância]) para dar voz a milhões de crianças carentes em território norte-americano.
- Gloria Steinem – conseguiu envolver um grande número de mulheres na política graças à fundação da National Women's Political Caucus [Convenção Nacional de Política Feminina] e da Women's Action Alliance [Aliança de Ação Feminina].
- Margaret Sanger – proporcionou às mulheres norte-americanas maior controle sobre a vida delas garantindo-lhes meios seguros de controle de natalidade.
- Rachel Carson – lutou pela conscientização da terrível ameaça que os pesticidas representam para todas as formas de vida e tomou muitas iniciativas nesse sentido.

A visão faz a diferença

Sua visão não precisa ser grandiosa nem profunda, mas sem ela não será possível esperar que as pessoas sigam você. Vou falar agora sobre uma mulher que faz enorme diferença na vida de muita gente graças a sua visão de futuro. Tive o privilégio de conhecer e trabalhar com Cristina Regalado por mais de dez anos e acompanhei sua evolução desde que colaborava com a Los Angeles Women's Foundation [Fundação Feminina de Los Angeles] até sua posição atual, de vice-presidente de programas da California Wellness Association [Associação Beneficente da Califórnia]. Ela é responsável, nessa função, pela gestão de um grupo de oito a doze diretores de programa, pela supervisão de um orçamento de benefícios de 45 milhões de dólares e pela distribuição dessa verba entre 600 beneficiários em todo o estado da Califórnia.

O que Cristina tem de mais admirável é sua visão cristalina, sua habilidade de comunicação e seu talento para influenciar as pessoas na realização dessa visão. Ela se radicou nos Estados Unidos, vinda das Filipinas, em 1984 e encontrou seu caminho na área da filantropia graças a seu sistema de valores e ao interesse pelos direitos femininos. Cristina é o exemplo perfeito da mulher que soube combinar com êxito seu desejo simultâneo de "fazer o bem" do modo "mais correto".

Quando assumiu seu cargo atual, tinha em mente influenciar as diretrizes filantrópicas da fundação. Sabia da necessidade de articular uma visão clara e convincente se quisesse obter a adesão dos outros para sua causa. Essa visão era *a destinação de dinheiro e recursos às comunidades marginalizadas e excluídas com a finalidade de chamar a atenção para os ganhos que elas trazem à sociedade e para os desafios que enfrentam.* Cristina trabalha para mudar a impressão, alimentada por muitos, de que os pobres não contribuem com a sociedade – e uma das formas pelas quais faz isso é a doação de recursos tangíveis e necessários para superar a pobreza. Quando lhe perguntei a causa maior dessa capacidade de realizar sua visão, ela respondeu assim:

> Meus valores são minha base e minha força para gerar transformação social. Cultivo a crença fundamental na justiça e na igualdade para todos. Essa crença foi provavelmente moldada pela experiência que tive em minha terra natal, as Filipinas, dominada durante muito tempo por um governo ditatorial. A visão das causas da pobreza, do abuso de poder e da resistência do povo a esse abuso me fez compreender que a mudança sempre é possível – trata-se da capacidade de desafiar o *status quo*.
>
> A atuação na área da filantropia me permite vivenciar meus valores de forma direta, concreta e estratégica. Tenho acesso ao poder e à influência e a habilidade de usá-los para o bem. A melhor maneira de patrocinar mudanças é por meio da liderança de pessoas – engajando-as no processo de transformação. Para revelar os talentos dos seguidores, é preciso recorrer aos valores e à visão. Isso vale para qualquer atividade, quer se relacione à venda de carros, quer à erradicação da miséria. A visão é um guia importante – uma bússola – que proporciona senso de coerência a nossas atividades diárias e liga nossas ações a alguma coisa maior. A liderança não é fácil, mas a visão me oferece a inspiração necessária. As pessoas me seguem porque compartilham essa visão.

Eis novamente a questão: a necessidade da existência de uma visão baseada em valores para que as pessoas sigam você. Reflita sobre *seus* valores. Eles podem envolver a criação de novos produtos que beneficiem a humanidade, ofereçam cuidados médicos de alta qualidade aos idosos ou simplesmente desenvolvam práticas e políticas que permitam que sua empresa atenda melhor às expectativas dos empregados e da comunidade. Durante uma palestra que dei recentemente, discutia a importância da visão quando alguém me perguntou qual era a *minha* visão. Sem vacilar, respondi: "A condição de facilitar mudanças significativas e duradouras na vida das pessoas a que tenho o privilégio de servir por intermédio de um trabalho de orientação compassivo, criativo, competente e corajoso". Essa tem sido, conforme as palavras de Cristina Regalado, a bússola que faz a ligação entre minha atividade diária e meu sistema de crenças mais amplas.

Mas o que *você* dirá diante dessa mesma pergunta? Se ainda não fez isso, sugiro que desenvolva um lema, curto e simples para sua visão. Pode ser uma reflexão concisa sobre sua atividade e seu estilo de executá-la. Anote a frase e aprimore-a. Repita essa frase até que ela saia, com naturalidade e confiança, da ponta de sua língua.

EQUILÍBRIO ENTRE ESTRATÉGIA E TÁTICA: LIDERANÇA *VERSUS* ADMINISTRAÇÃO

Para compreender a distinção entre estratégia e tática, é preciso entender a diferença entre liderança e administração.

Por mais que se tente, é impossível gerenciar seres humanos – você *administra* processos e *lidera* pessoas. Estas, por sua vez, não a seguirão por muito tempo se você não tiver uma visão e uma estratégia. Qual é então o diferencial? John Kotter elaborou a melhor descrição que conheço da diferença entre liderança e administração e generosamente me permitiu reproduzir a seguinte tabela:

A DIFERENÇA ENTRE LIDERANÇA E ADMINISTRAÇÃO

ATIVIDADE	ADMINISTRAÇÃO	LIDERANÇA
Criação de um objetivo	Planejamento e orçamento: estabelecer etapas e programas detalhados para atingir os resultados necessários e, em seguida, alocar recursos suficientes para isso.	Estabelecimento de diretrizes: desenvolver uma visão de futuro, de preferência de longo prazo, assim como estratégias adequadas à produção das mudanças necessárias à realização dessa visão.

ATIVIDADE	ADMINISTRAÇÃO	LIDERANÇA
Desenvolvimento de *network* para realizar o objetivo	Organização do pessoal: estabelecer algumas estruturas para cumprir as exigências do planejamento, distribuir o pessoal de forma adequada, delegar responsabilidades e autoridade para implementar o plano, providenciar políticas e procedimentos para orientação do pessoal e criar métodos para monitorar a implementação.	Alinhamento do pessoal: comunicar as diretrizes com palavras, instrumentos e ações a todos os envolvidos cuja cooperação seja necessária para influenciar a criação de equipes que entendam a visão e as estratégias e aceitem sua validade.
Execução	Controle e solução de problemas: monitorar em detalhes os resultados em comparação ao plano, identificar desvios e, em seguida, planejar a solução dos problemas.	Motivação e inspiração: incentivar as pessoas a superar as principais barreiras políticas, burocráticas ou de recursos e a mudar seu foco, se for o caso, optando pela satisfação das necessidades humanas básicas, que nem sempre são atendidas a contento.
Resultados	Produz bom grau de previsibilidade e ordem, além do potencial de gerar alguns dos resultados fundamentais esperados pelos envolvidos (cumprimento de prazos para os consumidores e gastos dentro do orçamento para os acionistas, por exemplo).	Produz mudanças quase sempre drásticas e tem o potencial de gerar algumas transformações extremamente importantes e úteis (novos produtos desejados pelos consumidores e abordagens inovadoras das relações de trabalho que tornam a empresa mais competitiva, por exemplo).

Mais uma vez, é a *estratégia* que estabelece as diretrizes. A *tática* permite atender às diretrizes por meio de tarefas, etapas e comportamentos específicos. Conforme comentei anteriormente, as mulheres combinam as duas com maestria. Vamos a um exemplo: suponhamos que sua mãe, já idosa, não pode mais viver só nem cuidar de si mesma por causa da esclerose. Sua estratégia – ou a diretriz que você deseja adotar – é transferi-la para uma casa de repouso onde ela seja bem tratada e fique em segurança. Mas você sabe que ela não irá sem relutância e por isso precisa elaborar um plano (ou tática) que tornará a transição menos dolorosa para ambas. Passo a passo, você põe em prática sua estratégia graças às táticas escolhidas claramente de acordo com as circunstâncias que cercam o caso. Talvez não ache que essas sejam ações que visam ao equilíbrio entre estratégia e tática, mas é exatamente isso o que elas são.

Em outro exemplo, suponhamos que você tem, no trabalho, a responsabilidade de resolver um problema de baixa motivação entre os empregados. O primeiro passo de sua estratégia pode ser um levantamento sobre o ambiente profissional com recomendações subseqüentes à gerência. Mas você não faria um simples levantamento. Sua tática, pelo contrário, abrangeria várias pesquisas sobre o ambiente ideal para a empresa e para os funcionários e o estabelecimento de uma visão clara das metas que atenderiam melhor as expectativas de todos. Após a análise dos resultados obtidos, você encaminharia à gerência uma série de recomendações baseadas em suas descobertas.

Ao apresentar suas conclusões, você talvez optasse pela adoção de outra estratégia, desta vez para garantir que os executivos do alto escalão concordassem em combinar suas recomendações com a visão, a missão e os valores da empresa. Como se pode ver, na vida doméstica ou profissional, a mulher primeiramente identifica as diretrizes para depois estabelecer os passos necessários para cumpri-las.

Ao pensar nas líderes femininas que conheço e sabem equilibrar estratégia e tática, lembro-me especialmente de uma delas: Mary Ann Chory. Ela é diretora de uma organização gigantesca, a Northrop Grumman Space Technology, sediada na Califórnia. Mary Ann lidera quase 1.000 pessoas responsáveis pelo planejamento de inúmeros produtos de tecnologia de ponta, como naves espaciais, *lasers,* foguetes e outros dispositivos. Quando a entrevistei, ela se mostrou um pouco surpresa com o enfoque de nossa conversa, pois não pedi que falasse de seu trabalho, e sim da maneira como aplica suas habilidades estratégicas e táticas para equilibrar a vida doméstica. Com seu estilo ponderado e calmo, ela contou parte de sua história:

> Sempre quis ser uma boa mãe e uma boa profissional. Quando meu primeiro filho nasceu, muito se comentava sobre a "carreira de mãe", e isso me preocupava porque não queria ficar estigmatizada pela maternidade. Mas, em seguida, tomei consciência de que isso não representava necessariamente uma limitação – pelo contrário, poderia tornar minha vida menos estressante porque me fez pensar na melhor forma de conciliar família e carreira. Para isso, porém, tive de fazer algumas escolhas e aprender a dizer não a certas coisas. Não poderia, por exemplo, empreender longas viagens de negócios nem trabalhar fora do país enquanto as crianças ainda fossem muito pequenas. Alguns meses longe delas antes que completassem 1 ano de vida me fariam perder momentos únicos de seu crescimento. Eu tinha, no entanto, muita sorte por trabalhar para uma empresa sensível a essas questões, mas ainda assim sentia estar desapontando meus superiores, que me ofereciam oportunidades tão importantes. A

escolha da companhia certa para trabalhar é essencial se você quiser atender às necessidades de seus filhos e também a suas responsabilidades profissionais.

Nessa ocasião, meu marido e eu decidimos morar em um local próximo do trabalho de ambos. Tratava-se de um bairro com boa infra-estrutura e excelente vizinhança. Isso era muito importante para nós porque não tínhamos parentes na região e desejávamos cultivar uma família extensiva, entre nossos vizinhos, que tivesse condições de cuidar de nossas crianças durante eventuais ausências por razões profissionais, por exemplo. Assim, o envolvimento com a escola e a comunidade (além do trabalho) exigiu algum planejamento de nossa parte – até para que pudéssemos colaborar com essas áreas também.

Minha visão era, portanto, exercer influência benéfica sobre os ambientes dos quais participava e levar uma vida multidimensional – e fiz planos estratégicos para conseguir isso. Tudo o que torna você feliz torna sua família feliz também.

Ouço variações da história de Mary Ann contadas por líderes femininas do mundo inteiro. Vivemos numa sociedade em que a mulher carrega o fardo adicional de garantir a seus filhos os cuidados adequados. É *possível,* portanto, ser líder em casa, na comunidade, na escola e no trabalho, mas, conforme Mary Ann descobriu, isso envolve o conhecimento daquilo que você mais valoriza além da combinação de planejamento estratégico e organização tática para conseguir viver (ou trabalhar) de forma coerente com seus valores.

VISÃO, ESTRATÉGIA E TÁTICA: UM RESUMO DE TUDO ISSO

Gostaria de encerrar este capítulo com uma história que retrata lindamente a liderança informal, mas eficiente, capaz de combinar todas as qualidades que serão discutidas ao longo deste livro. Há uma mulher fantástica que trabalha em meu escritório chamada Kim Finger. Tudo o que acontece ali passa por suas mãos. Ela exerce a função oficial de diretora de serviços aos clientes, mas na realidade a consideramos a argamassa que sustenta todas as atividades do escritório. Kim trabalha ao meu lado há tanto tempo que francamente não sei o que faria sem ela. Formou-se em Educação do Desenvolvimento pela Faculdade de Claremont, porém esse diploma nada tem que ver com sua incrível competência em tantas frentes. Sua paixão verdadeira não tem relação com o que faz para ganhar a vida, pois se concentra no bem-estar dos animais. A visão de Kim é a criação de sistemas e agências locais que assegurem tratamento decente para os bichos.

Após a devastação causada pelo furacão Katrina, todos nos emocionamos com o sofrimento das pessoas. Kim, porém, preocupava-se com a agonia dos animais, mortos e atingidos por doenças, negligência e muitos outros fatores. Lutava para fazer alguma coisa pelos bichos que sobreviveram ao cataclismo, pois precisavam de resgate, alimentação, transporte e cuidados, o que muitas vezes poderia significar adoção permanente. Kim, porém, não descansou enquanto não estabeleceu as estratégias e os contatos necessários à realização de tamanha proeza, usando todos os meios tecnológicos de que dispúnhamos.

Logo conseguiu de um rico filantropo o empréstimo de um avião para transportar os animais resgatados em Nova Orleans para Los Angeles, onde seriam encaminhados para tratamento e adoção. Após cinco dias de intensa batalha, seus esforços – e os de uma verdadeira rede de usuários de informática acionados por ela – foram coroados de êxito: o avião chegou à cidade com os 221 animais resgatados por Kim, todos destinados a novos e carinhosos donos.

Se você quer saber o que é liderança, eu lhe digo: liderança é isso. É a identificação de necessidades, é a capitalização de sua força e da força de outras pessoas para atender a essas necessidades. É o desenvolvimento de planos concretos para garantir a satisfação dessas mesmas necessidades e é também o foco nas carências humanas das pessoas envolvidas para garantir seu compromisso e cooperação quando você mais precisa disso. Acredito que Kim foi muito bem-sucedida em seus esforços em favor dos animais pelo simples fato de ser *mulher*. Ela conseguiu concentrar-se simultaneamente no objetivo, na tática e nas pessoas certas para atingir esse objetivo. Não pensou em si mesma, mas apenas nos animais e nas pessoas envolvidas na operação de resgate. Assim, na próxima vez em que pensar que você precisa de um título ou de um diploma para ser uma verdadeira líder, lembre-se de Kim. Se você pensa que precisa ser rica para liderar uma tarefa ou um esforço importante ou se está à espera de um convite para isso, lembre-se de minha amiga Kim.

Acompanhe a seguir as primeiras sugestões práticas para aprimorar sua liderança no trabalho.

Sugestões para equilibrar estratégia e tática

1. ***Compreenda a competitividade de seu setor.*** Acompanhe o que seus concorrentes fazem e atualize-se com relação às melhores práticas de sua área. Sua visão não precisa reinventar a roda, mas deve alinhar-se com os princípios da empresa (em termos de lucros, processos, produtos ou pessoal) para ter sentido e agregar valor. Até mesmo a visão mais inovadora cairá por terra se não tiver coerência com as diretrizes da organização. A melhor maneira de pôr em prática esta sugestão é ler o relatório anual da empresa, conversar com os executivos sobre as metas corporativas, ingressar em associações profissionais do ramo, ler livros e revistas especializados no assunto e criar uma boa rede de relações.
2. ***Articule sua visão.*** Escreva tudo o que deseja realizar da maneira mais específica possível. Explique o que pretende fazer, a forma como o fará e indique as pessoas que poderão ajudá-la nesse propósito. Eis alguns exemplos:
   - Oferecer aos clientes internos e externos serviços da melhor qualidade por meio da seleção e da utilização dos talentos individuais e coletivos existentes em nossa equipe de profissionais altamente qualificados.
   - Proteger o patrimônio da companhia formando um grupo de especialistas que forneçam aconselhamento, até mesmo jurídico, permanente, preciso e oportuno.
   - Criar uma agência de serviço social voltada para as necessidades específicas das mães solteiras que trabalham com a participação de representantes capacitados a oferecer orientação e a facilitar o acesso a recursos da comunidade.
3. ***Aprimore sua visão e conquiste o apoio necessário para ela.*** Apresente sua visão à equipe e peça aprovação e idéias. Reescreva essa visão quantas vezes forem necessárias para garantir o alinhamento completo das pessoas responsáveis por sua realização. Evite agir como "proprietária" da forma original de sua visão – confie no fato de que os outros querem melhorá-la e não prejudicá-la.
4. ***Comunique a visão.*** Depois de obter o consenso dos envolvidos na implementação de sua visão (membros da equipe, colegas, voluntários e outros), divulgue-a amplamente com cartazes, comunicados, e-mails, formulários de avaliação e coisas de estilo. Mantenha-a viva na mente de

todos, referindo-se a ela nas reuniões e cobrando sua realização das pessoas responsáveis por isso.

5. ***Analise as situações antes de tomar qualquer atitude.*** As mulheres tendem a lançar-se à ação antes mesmo de entender completamente todas as facetas de uma situação. Para evitar esse risco, recorra, diante de um desafio, às famosas cinco perguntas: *O quê? Onde? Por quê? Quem? Quando?*
   - Que problema ocorreu? Se as coisas fossem feitas conforme as regras, que situação teríamos agora?
   - Onde está o problema? Trata-se de uma questão isolada ou já se generalizou?
   - Por que isso está acontecendo? Há alguma atitude minha (ou da alta administração) que esteja agravando o problema? Existem falhas de comunicação?
   - Quem está envolvido no problema? Com quem devo falar para obter mais informações?
   - Quando ocorre o problema e quando não ocorre?
6. ***Desenvolva uma estratégia articulada com clareza.*** Em qualquer caso em que você esteja empenhada – na solução de um problema ou na mudança de diretrizes de seus objetivos –, desenvolva sua estratégia principal tendo em mira o desafio. Não se trata de alguma coisa que possa fazer sozinha, e sim *com* seus seguidores. Essa é a melhor forma de captar o interesse e o compromisso deles com os resultados. Prepare-se para discutir sua visão ou idéias e depois trabalhe com sua equipe na elaboração das estratégias necessárias. Eis alguns exemplos de estratégia:
   - Aumentar as vendas graças à redução do tempo de entrega, ao desenvolvimento de relações personalizadas com os clientes e à melhora dos sistemas de inspeção para identificar os produtos defeituosos antes que saiam do estoque.
   - Reduzir o desgaste dos empregados que agregam valor à empresa identificando os altos desempenhos, implementando sistemas de compensação competitiva e recompensas, estabelecendo programas de incentivo e compreendendo mais profundamente as necessidades não-monetárias do pessoal.

- Tornar a empresa conhecida na comunidade graças à disponibilidade para o desenvolvimento geral dos colaboradores e de suas famílias em termos de consultoria e de treinamentos específicos, por exemplo.
- Atender melhor às necessidades dos clientes internos e externos, aprimorando o desempenho dos funcionários por intermédio de treinamento, trabalho de equipe, monitoramento e *coaching*.

7. ***Crie um roteiro estratégico.*** Se você já sabe qual é seu *objetivo*, trabalhe com seus colaboradores na elaboração de um plano para cumpri-lo. Pense nestes elementos-chave:
   - O que deve ser feito?
   - Qual é o prazo de conclusão?
   - Quem será o responsável pela supervisão das atividades?
   - Quem mais será envolvido na realização do objetivo?
   - Que etapas devem ser estabelecidas?

   Apresento nas próximas páginas um exemplo de roteiro estratégico que você, sem dúvida, poderá adaptar a suas necessidades específicas.
8. ***Identifique formas de mensurar os progressos e reconhecer o sucesso.*** Para realizar qualquer objetivo, é preciso estabelecer etapas ou passos para você *e* seus colaboradores. É também recomendável registrar essas etapas no roteiro estratégico, assim como deixar bem claras as metas que cada membro da equipe ficará incumbido de cumprir. Determine as etapas dividindo o objetivo maior em pequenos passos. Se você examinar a coluna "O que deve ser feito" no exemplo dado, notará que há passos relativos a cada tática adotada. Eles representam etapas a mensurar entre o início e o prazo de conclusão da tarefa. Um dos piores erros de um líder seria negligenciar o necessário acompanhamento do trabalho de seus seguidores após atribuir a cada um deles as respectivas responsabilidades. Pior ainda seria, diante dos inevitáveis problemas surgidos durante o processo, puni-los pelo fracasso em atender às expectativas. Essa está longe de ser a forma ideal de gerar lealdade e confiança na capacidade de liderança de alguém.

ROTEIRO ESTRATÉGICO PARA
REDUZIR O DESGASTE DOS EMPREGADOS DE ALTO DESEMPENHO

	O QUE DEVE SER FEITO	PESSOA INDICADA
TÁTICA 1: Identificar os empregados de alto desempenho	Analise as revisões de desempenho; facilite o contato com a alta administração; examine os formulários de *feedback* dos clientes; e constitua grupos de sugestões e idéias.	Bárbara
TÁTICA 2: Implementar sistemas de compensação competitiva e buscar consultoria	Identifique possíveis consultorias externas; pesquise as melhores práticas do setor; compare a estrutura da empresa com os padrões do mercado; e prepare recomendações para apresentar à alta administração	Pedro
TÁTICA 3: Desenvolver oportunidades de aprendizado no próprio trabalho	Crie uma "escola" de liderança; forme equipes multifuncionais; e estabeleça parcerias com empresas externas de treinamento.	Érica

9. ***Antecipe os riscos e a resistência a eles e faça planos para isso.*** Vou reproduzir aqui uma das frases de Maquiavel que mais aprecio: "Não há nada mais difícil do que ser um líder capaz de evoluir em face da mudança. Pois ele sempre há de encontrar a resistência daqueles que preferem conviver com o velho e apenas a morna aceitação daqueles que talvez preferissem conviver com o novo". Antes de se lançar com vigor à execução de seu plano estratégico, fale com as pessoas sobre obstáculos potenciais. Leve em consideração as necessidades dos envolvidos no processo e alie-se a eles. Prepare-se para superar as objeções aprendendo a contornar a inevitável resistência de algumas pessoas.
10. ***Desenvolva sua capacidade de raciocínio estratégico:***
    - Aprenda a jogar xadrez.
    - Pergunte sempre a si mesma: "Qual é a perspectiva geral desta situação?".
    - Procure conscientemente aperfeiçoar os processos de trabalho pedindo aos membros de sua equipe que identifiquem novas formas de fazer *melhor* o que vocês já fazem.

OUTRAS PESSOAS ENVOLVIDAS	PRAZO DE CONCLUSÃO	OUTRAS MEDIDAS
Carlos, Soraia, Cíntia, Leandro	22 de abril	Avisar os sistemas de informação da necessidade de dados (Carlos). Comunicar os objetivos à alta administração (Soraia).
Ana, Luiz, Henrique	10 de junho	Pesquisar bancos de dados externos – Henrique.
Leandro	Em aberto	Recorrer, se for o caso, a outros departamentos e pesquisar bancos de dados externos.

- Amplie suas funções. Não permaneça em sua zona de conforto.
- Organize sessões regulares de *brainstorm* para sua equipe (de preferência com um facilitador externo).

11. ***Resista ao perfeccionismo.*** A mania de perfeição limita o pensamento estratégico. O raciocínio estratégico envolve criatividade e aprimoramento da sabedoria coletiva. A pessoa perfeccionista perde a capacidade de análise e não consegue implementar com eficiência as táticas que desenvolveu. O equilíbrio entre o pensamento estratégico e a implementação tática é, por natureza, imperfeito.
12. ***Seja realista, mas assuma riscos calculados.*** Você certamente não cometeria a loucura de dizer ao chefe que sua nova estratégia de publicidade envolve um investimento de 3,5 milhões de dólares, oito meses de trabalho de sua equipe e a contratação de elefantes e outros animais circenses. Essa atitude estaria fora dos limites mesmo no mais liberal dos ambientes. É melhor, portanto, levar em consideração os orçamentos, o pessoal e a cultura de sua empresa. Lembre-se de que você deve buscar uma forma inovadora de trabalho sem extrapolar todos os limites do bom senso.

13. ***Procure as relações existentes entre os assuntos e evite concentrar-se em apenas um aspecto de cada vez.*** Se você, por exemplo, está elaborando um plano estratégico para seu departamento, leve em conta as necessidades das demais áreas da empresa, de seus colegas e de seus colaboradores. Da mesma forma, ao tentar resolver um problema, não pense nele de maneira isolada. Considere sua relação com outros problemas e procure por causas coletivas.
14. ***Assine (e leia) revistas especializadas em sua área para conhecer novas tendências e acompanhar as melhores práticas.*** O fato de que o pensamento estratégico talvez não seja seu forte não significa que você não possa encontrar boas idéias em livros e revistas e incorporá-las a seus planos de trabalho.
15. ***Ouse destacar-se.*** Ouvi esse conceito de uma colega da Nova Zelândia. Ela se referia à tendência que as pessoas, de modo geral, têm de evitar destacar-se entre seus pares. Mas os bons líderes *devem* destacar-se. Não importa que você trabalhe para uma corporação poderosa ou para uma empresa modesta – em qualquer circunstância, é fácil deixar-se envolver inconscientemente pelo "ponto de vista do grupo".

Capítulo 3

O desafio dos riscos: chega de ser boazinha

Você ganha força, coragem e confiança em cada experiência em que realmente se detém para encarar o medo... Você precisa fazer o que pensa não ser capaz de fazer.
Eleanor Roosevelt, diplomata e ativista dos direitos humanos

Você já assumiu riscos se:

- Mergulhou de cabeça em um casamento.
- Comprou um imóvel (sobretudo se fez isso sozinha).
- Mudou de emprego ou de ramo de atividade.
- Investiu no mercado de ações.
- Assumiu um compromisso ou cargo importante.
- Ousou expressar opinião contrária à da maioria das pessoas presentes numa sala de reuniões, por exemplo.

O tema do desafio dos riscos surgiu em muitas das conversas que mantive com representantes da liderança feminina. Um risco é sempre um risco, seja um trabalho que envolva muitas responsabilidades, seja a proposta de um novo meio de levantar recursos. Você se expõe à crítica, à análise e até à censura das pessoas. Talvez ninguém tenha falado melhor sobre isso que Kim Walsh, vice-presidente de comunicações da Pacific Gas e da Electric Company (PG&E):

> Para ser uma líder competente, a mulher precisa sair de sua zona de conforto. Não pode ver a si mesma apenas como gestora nem como "zeladora" – deve estar disposta a correr riscos se quiser sair do segundo plano. Isso aconteceu comigo quando ocupava o cargo de diretora de relações de mídia. Estava na PG&E havia menos de um

ano, esperava meu terceiro filho e me ofereceram a oportunidade de me tornar uma alta executiva da companhia, responsável por todo o departamento de comunicações. Eu podia recusar e continuar em segundo plano ou correr o risco. Tinha, porém, minha visão e sabia até que ponto seria capaz de levar a empresa. A escolha era assustadora, mas preferi tentar, mesmo que falhasse, a me acovardar e não fazer nada.

A ascensão aos patamares da liderança sempre representa um risco. O medo que a mulher sente, no entanto, é bem fundamentado. Ao contrário dos homens, ela sabe que terá apenas uma chance, que suas ações serão sistematicamente julgadas e que muita gente (de ambos os sexos) não aceita lideranças femininas. Assim, por que uma mulher sensata deveria sequer *considerar* essa possibilidade? Porque, conforme o depoimento de Kim Walsh, se não correr riscos você relegará a si mesma um eterno segundo plano.

Os riscos inerentes à liderança são particularmente difíceis para as mulheres, que quase sempre padecem de uma "doença" pouco fatal, porém muito limitante, conhecida como "mania de agradar". Desejam que todos gostem delas e pensam que tudo o que fizerem deve ser perfeito. Tendem a assumir as coisas sozinhas em vez de delegar tarefas. Além disso, não querem decepcionar ninguém. Tais atitudes lembram as mães de primeira viagem, não é? Elas acham que se não forem perfeitas, alguma catástrofe vai ocorrer. Ao mesmo tempo, relutam em pedir ajuda para que os outros não as julguem incapazes. Apesar de todas as novas responsabilidades próprias da maternidade, lutam para manter suas atividades anteriores por puro medo de não corresponder às expectativas. Repito: por que, nessas condições, uma mulher sensata pensaria em ser mãe?

Felizmente para toda a humanidade, as mulheres não apenas *pensam nisso* como também assumem o risco e *fazem isso*. Com o tempo, aprendem que não existe a *mãe perfeita*. Elas precisam em seguida aplicar esse conceito a suas atividades externas e compreender que tampouco existe a *líder perfeita*. Os líderes são seres humanos imperfeitos – quando se der conta disso, você estará no caminho certo para exercer uma liderança ainda melhor. O risco, por definição, significa a impossibilidade de prever os resultados de uma ação com absoluta certeza. Mas a recusa do risco significa a consciência, com o mesmo grau de certeza, de que nada vai mudar.

AS MULHERES E OS RISCOS

De um modo geral, as mulheres mostram-se menos dispostas que os homens a correr riscos com investimentos financeiros para obter maiores ganhos. Pesquisas indicam, por outro lado, que aquelas que *assumem* investimentos de risco conseguem resultados melhores que os de seus colegas do sexo masculino. Por quê? Porque, ao se expor a riscos financeiros, as mulheres planejam tudo com antecedência e investem por mais tempo que os homens. Há outro estudo conduzido pela National Association of Women Business Owners [Associação Nacional das Mulheres Empresárias] que revela um dado interessante: quando se trata de investimentos no próprio negócio, a probabilidade de as empresárias assumirem riscos é *consideravelmente* maior que a dos homens. E elas não se limitam aos riscos – mais de 70% dos investimentos femininos destinados à expansão dos negócios são bem-sucedidos.

Não fugimos dos riscos; portanto, apenas nosso estilo é diferente. Considere os seguintes exemplos de mulheres que correram riscos para atingir metas que, por sua vez, beneficiaram a vida de muitas outras pessoas:

- **Wilma Mankiller:** antiga líder da nação *cherokee* e a primeira mulher da História norte-americana a comandar uma tribo de índios peles-vermelhas. Encontrou muita resistência de pessoas que não queriam ser lideradas por uma mulher. Wilma foi agredida várias vezes e recebeu ameaças de morte, mas persistiu na visão de conquistar auto-suficiência para seu povo. Conseguiu incentivar, nas jovens índias, a esperança de crescer para se tornar um dia boas líderes de suas nações.
- **Harriet Tubman:** conhecida como "Moisés de seu povo" em versão feminina, arriscou a própria vida para ajudar centenas de escravos a livrarem de desumanos trabalhos forçados. Tornou-se mais tarde líder do movimento abolicionista norte-americano.
- **Rosa Parks:** figura emblemática que deu impulso ao movimento em prol dos direitos civis quando se recusou a ceder seu lugar no ônibus a um passageiro branco em 1955.

Felizmente, para a maioria, os riscos que assumimos todos os dias são muito menores que os perigos enfrentados por essas mulheres admiráveis. Quais são, afinal, esses riscos? Pense no seguinte:

- Persuadir o chefe a adotar uma diretriz diferente da que ele acabou de escolher.

- Defender o aumento de salário para os membros de sua sobrecarregada equipe, apesar da decisão da empresa de não conceder aumentos no ano em curso.
- Ser a única pessoa a defender, durante uma reunião, um ponto de vista diferente dos demais.
- Dar a um funcionário que cometeu alguns erros a chance de se justificar por acreditar que ele não deve ser demitido por causa desses deslizes.
- Introduzir uma nova política que, você bem sabe, poderá torná-la impopular, mas dará a direção certa à empresa.
- Convencer um cliente de que o serviço que acaba de solicitar não é exatamente o mais necessário para ele.
- Mudar de emprego em vez de se tornar conivente com alguma coisa que você julga antiética.

Há circunstâncias no ambiente de trabalho nas quais o maior risco é *não* assumir riscos. A questão é a seguinte: como saber que riscos devem ser enfrentados e que riscos precisam ser evitados?

DO INSTINTO AO RISCO CALCULADO

Quando *assume* um risco a mulher deixa, com freqüência, de calcular a contrapartida entre vantagens e desvantagens a ele inerentes. Confia, em vez disso, em fatores mais subjetivos, como o instinto ou a chamada intuição feminina. Tais sensações podem ser parâmetros aceitáveis para saber se um risco vale ou não a pena, mas você precisa *analisá-los conscientemente* e articular seu raciocínio em termos objetivos, como exige o mundo dos negócios. Essa atitude não apenas aumenta a confiança dos outros em suas decisões como também eleva a convicção de que *você* está na direção certa.

Durante todo o tempo observamos comportamentos, assimilamos informações e analisamos os resultados de nossas experiências. Esse "processamento" talvez não seja consciente, mas tudo o que apreendemos fica armazenado em nosso subconsciente. Por isso, o instinto e a intuição podem ser confiáveis – desde que não se formem no vácuo. Líderes bem-sucedidos costumam validar os riscos recorrendo a lembranças ou experiências semelhantes e objetivas. Esse processo é conhecido como *risco calculado.* Você pode aperfeiçoar sua habilidade de interpretar riscos utilizando o gráfico Modelo de risco baseado em fatos e sensações, desenvolvido por Roberta Hill, diretora da Ward-Green & Hill Associates, empresa de consultoria administrativa sediada em Ottawa, no Canadá. Note que o gráfico requer a avaliação do *nível de conforto* inerente ao risco, bem como do *grau de segurança* com relação aos resultados. O modelo oferece um bom campo inicial se você considerar que as vantagens potenciais superam o risco envolvido em suas decisões.

MODELO DE RISCO BASEADO EM FATOS E SENSAÇÕES

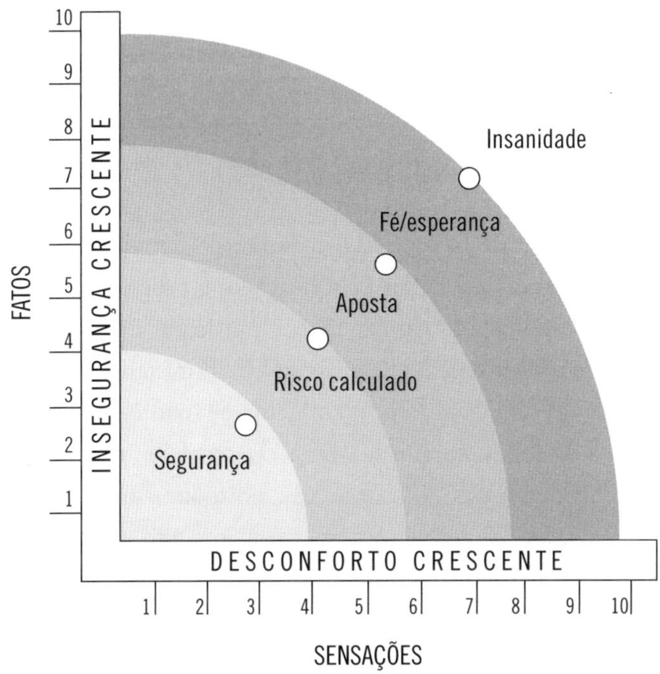

Eis um exemplo de uso do gráfico: suponhamos que você pretende comprar um carro usado, o que representa um risco considerável. Seu irmão quer vender o dele, que adquiriu há pouco mais de um ano, novo. A garantia ainda está em vigência e esse modelo específico tem desempenho excelente. Na escala dos "Fatos", portanto, existe pouca insegurança. Você sabe o que vai comprar e já experimentou o carro. Além disso, sabe também que seu irmão não lhe venderia um "abacaxi". Assim, na escala das "Sensações", há pouco desconforto. Se tomar essa decisão, você correrá um risco "seguro": pouco desconforto + pouca insegurança = decisão segura.

Vamos a outro exemplo: você está pensando em mudar de emprego. Trabalha há mais de dez anos em uma empresa e já sabe que não existe ali nenhuma possibilidade de ascensão na carreira. Trata-se de uma firma pequena que não tem condições de lhe oferecer funções nas quais poderia fazer melhor uso de suas habilidades – como gostaria. Um concorrente, que iniciou seu negócio há seis meses e conhece seu trabalho, quer contratá-la para ocupar a mesma posição que seu chefe desempenha na empresa atual. Ele lhe ofereceu um salário 20% mais elevado, benefícios equivalentes aos que você já tem e um programa de participação nos lucros – que você não tem. Pensando em assumir os riscos dessa mudança, contudo, você se preocupa com alguns aspectos: o concorrente está gerindo seu primeiro negócio, a estabilidade financeira dessa nova empresa é ainda uma incógnita e vários indicadores econômicos sugerem que o setor talvez passe por um período de declínio durante os próximos dois anos. Na escala dos "Fatos", há um grau de insegurança igual a 7.

Com relação às sensações, você está aliviada pelo fato de não precisar mudar-se para outra cidade nem vender sua casa se aceitar a proposta de emprego. Também gostou muito da idéia de ganhar mais e participar dos lucros, além de ter simpatizado bastante com o dono da companhia. Entretanto você é mãe de três adolescentes e carrega sozinha a responsabilidade de mantê-los e educá-los. Nesse aspecto, aprecia a estabilidade que sua empresa atual lhe proporciona e precisa dela. Na escala das "Sensações", portanto, essa nova oportunidade merece nota 5. Combine-a com o grau de insegurança relativamente alto da escala dos "Fatos" e encontrará um nível de risco situado na categoria "Aposta". Por isso você decide, afinal, que não quer nem tem condições de pôr em risco sua estabilidade financeira na etapa e nas circunstâncias atuais de sua vida.

Além da utilização do modelo de Roberta Hill, há algumas perguntas que ajudarão você a tomar decisões que parecem arriscadas:

- De que informações, dados ou experiências disponho para acreditar que vale a pena assumir esse risco?
- Quais são as vantagens potenciais desse risco?
- Quais são as desvantagens potenciais desse risco?
- De que outras informações preciso para assumir esse risco de forma calculada?
- Estou disposta a assumir as conseqüências que um fracasso pode ocasionar?
- Que pessoas me darão o apoio necessário para aumentar as probabilidades de obter sucesso e resultados positivos?

Existe alguma garantia de conseguir os resultados desejados quando você assume um risco? Não, mas a opção de evitá-lo garante apenas uma coisa: *nada mudará.* O risco é inerente a toda posição de liderança. Você não apenas tem o *direito* de assumir riscos como também essa atitude é *responsabilidade* sua. Se apenas seguir as diretrizes de seus superiores, você não será uma líder, mas só mais uma profissional conhecida como "funcionária" – que não questiona o porquê das ordens recebidas e se contenta em cumpri-las.

A CORAGEM DE DIZER O QUE É PRECISO

O risco inerente ao exercício da liderança não envolve apenas a tomada de decisões com relação a diretrizes, novos produtos ou mudanças de método. Abrange também a disposição de dizer coisas penosas – que os outros quase sempre pensam, no entanto receiam expressar. As mulheres têm muito mais experiência nessa questão – e são na verdade bastante eficientes em resolvê-las – do que podem imaginar. Quantas vezes suas amigas já pediram sua opinião sobre um vestido novo esperando de você uma resposta honesta? Seu filho já chegou em casa com uma tatuagem na expectativa de sua reação ou seu marido, em plena crise da meia-idade, buscou sua adesão à idéia maluca de tirar dinheiro da poupança para comprar um carro esporte caríssimo? Todas essas situações exigem coragem para dizer o que é preciso. No trabalho, na escola ou durante uma crise familiar, o ato de falar a verdade representa o dever de dar um *feedback* difícil, de discordar de diretrizes propostas muitas vezes pela chefia, de denunciar práticas potencialmente antiéticas ou de sugerir novas políticas mesmo sabendo que encontrarão resistência inicial.

Ellen Shedlarz, executiva da Hill & Knowlton, uma das maiores empresas de consultoria de comunicação do mundo, é uma mulher capaz de tratar essas questões com grande maestria. Já ocupou numerosas funções de liderança ao longo de sua carreira – e melhorou todas as organizações em que trabalhou graças aos riscos que soube assumir. Quando lhe perguntei quando e como ela enfrenta seus riscos, a resposta foi a seguinte:

> A decisão de assumir ou não um risco depende de meu sistema de valores e de meu senso ético. Essas são as duas únicas coisas na vida que realmente nos pertencem. Se uma situação não se encaixa em meu sistema de valores, percebo a existência de um risco que tenho de assumir. Um exemplo disso ocorreu na época do surgimento da aids, quando eu trabalhava para uma empresa que, à semelhança da maioria, preferiu

ignorar o problema e esperar que desaparecesse espontaneamente. Decidi então propor a realização de treinamentos sobre a questão para nossos executivos argumentando que isso protegeria a empresa – embora minha preocupação autêntica se concentrasse em todas as pessoas que ali trabalhavam. Em conseqüência, nossa companhia tornou-se uma das líderes no tratamento profissional, humano e respeitoso dos funcionários portadores da doença e adquiriu, graças a essa condição, grande capacidade de ajudar a resolver os problemas desses indivíduos.

A atitude mais importante diante da necessidade de assumir um risco é deixar a emoção de lado e encarar os fatos. Os fatos são amigáveis. Outra medida que aprecio: a busca de conselheiros informais que me ajudem e me apóiem. Isso é às vezes mais decisivo que o mero apoio da alta administração. Não espere, portanto, por uma emergência para construir uma boa rede de conselheiros informais – observe onde está o poder informal de sua empresa e desenvolva boas relações com essas pessoas. Não pense apenas no que elas podem fazer por você, e sim no que você pode fazer por elas.

Nem todos os riscos, no entanto, valem a pena. Diante do fracasso, a primeira coisa a fazer é comunicá-lo ao chefe. Você não quer que ele saiba por outra pessoa, não é mesmo? Converse, em seguida, com todos os envolvidos para descobrir o que deu certo e o que não deu certo e aprender com os erros cometidos. A última coisa que se deve fazer após um fracasso é lançar-se de imediato a uma nova tentativa.

Valores, estratégia e boas relações são as mensagens mais freqüentes assinaladas pelas líderes femininas com as quais tenho falado. Para desenvolver uma boa visão ou aprender a assumir riscos, os fatores que acabei de citar constituem o próprio tecido formador dos grandes líderes – capazes de enfrentar o desafio dos riscos e também de dizer a verdade.

CONTE COM A OPINIÃO E O APOIO DAS PESSOAS

Outra forma de assumir riscos com inteligência é a obtenção de todas as informações necessárias para tomar uma decisão – *sem* se deter demais na fase de análise. As mulheres, por temor, geralmente demonstram uma tendência de pedir a opinião de todos antes de enfrentar um risco. Algumas, por outro lado, vão ao outro extremo, evitando pedir apoio por medo de que sejam tachadas de inseguras e exageradas. Apresento em seguida uma conversa que mantive com uma cliente que tinha como objetivo obter o apoio de sua equipe sem parecer excessivamente ditatorial nem solícita:

Cliente: Tenho tido muita dificuldade de conseguir o apoio das pessoas para essa nova diretriz que desejo adotar. Quando ponho o tema em discussão nas reuniões da equipe, surgem muitos desacordos a respeito de tudo.

Coach: Explique-me a maneira como você aborda o assunto.

Cliente: Costumo pedir aos membros da equipe que tomem decisões sobre a melhor forma de reorganizar o departamento para aperfeiçoar práticas e desempenhos. Isso basta para provocar uma discussão inútil e sem fim na qual cada um defende sua posição.

Coach: Já pensou em formular a questão de modo mais incisivo, destacando as mudanças que você quer implementar, e só depois pedir a opinião deles sobre a melhor forma de consegui-las?

Cliente: Nesse caso, eu seria acusada de ditatorial. Você conhece os membros de minha equipe: todos querem dar sua opinião sobre tudo.

Coach: Equipes fortes precisam de líderes fortes. Você está, no momento, delegando o papel de líder a seus seguidores. A defesa das transformações não é tarefa fácil, mas é um risco que os líderes devem assumir. A resistência às mudanças sempre se manifesta, mas isso não é mau. Trata-se apenas de uma tentativa de manter o *status quo.*

Cliente: Como posso conseguir isso sem ser chamada de ditatorial?

Coach: Faça, na próxima reunião, uma apresentação bem planejada das mudanças que deseja introduzir e peça a opinião da equipe sobre a melhor maneira de implementá-las com eficiência. *Você* determina as diretrizes e depois todos desenvolvem, em conjunto, as estratégias de implementação.

Cliente: E o que farei quando o pessoal começar a procurar defeitos em minhas idéias?

Coach: Use isso em seu favor para garantir a segurança e o êxito das novas diretrizes. Não concentre o foco da discussão no *que* deve ser feito, e sim na *maneira* como vocês vão fazê-lo. Sua equipe é composta de elementos cujo raciocínio crítico vai encontrar falhas em quase tudo. Diga-lhes que você *quer* que eles acusem obstáculos potenciais ao sucesso, além de sugestões para superar esses obstáculos. Transforme a discussão em uma sessão de solução de problemas e não em uma série de críticas a suas idéias.

Com uma dose saudável de ceticismo, minha cliente compareceu à reunião que teria com sua equipe preparada para apresentar suas idéias e enfrentar a inevitável resistência. Contou-me, depois, que os resultados excederam suas expectativas. Os membros da equipe mostraram-se surpreendentemente abertos à mudança proposta, o que deu à líder a chance de canalizar a energia de todos para a criação de um plano de implementação estratégica. Lembre-se da frase de Maquiavel: "Você sempre há de encontrar a resistência daqueles que preferem conviver com o velho e apenas a morna aceitação daqueles que talvez preferissem conviver com o novo". Qualquer tipo de mudança representa sempre um risco para o líder. Mas é justamente essa a sua função: *melhorar o que está bom e corrigir o que está errado.*

MUDANÇA DE CARREIRA: UM RISCO ESPECÍFICO

Um dos melhores aspectos resultantes do projeto deste livro foi a oportunidade que tive de falar com tantas mulheres bem-sucedidas e inspiradoras. A entrevista com Alyce Alston, presidente da joalheria De Beers North America, foi, por exemplo, surpreendente porque, ao falar sobre riscos, ela mencionou a mudança de carreira como um dos maiores desafios de liderança que já enfrentou. Creio que isso se aplica ao caso de muitas mulheres. Enquanto um homem assume com tranqüilidade algumas responsabilidades de liderança para as quais não foi treinado e acredita que obterá êxito baseado apenas em experiências anteriores semelhantes, a probabilidade de uma mulher adotar a mesma postura é bem remota. Ela recusará oportunidades de promoção que poderiam desenvolver ainda mais suas habilidades de liderança caso não se considere totalmente qualificada para isso. Classifico esse comportamento como um dos maiores obstáculos que as mulheres impõem a si mesmas em termos de ascensão no ambiente corporativo.

O risco assumido por Alyce Alston nos oferece grandes lições. Ela trabalhou durante vinte anos no setor editorial de diversas revistas ocupando várias posições de liderança. Embora soubesse que poderia prosseguir no ramo editorial, Alyce desejava expandir sua carreira – e isso não seria possível sem correr riscos. Eis seu relato:

> Quando resolvi trabalhar para a joalheria De Beers, meu marido acabara de abrir um negócio próprio. Com três filhos para criar, minha opção pela mudança de carreira representava um risco e tanto. Quanto mais velha uma pessoa fica, maior cautela tem com relação aos riscos. Além disso, nunca se sabe se vai dar certo – e por isso é um risco. A oportunidade de aprender, porém, superou os receios. Na pior das hipóteses, eu retomaria a carreira editorial e poderia viver muito bem.
>
> Gosto de exercer a liderança e acredito não haver grandes diferenças entre o setor editorial e o de comércio varejista. Planejamento, contratação das pessoas certas e competência para motivá-las, entre outras coisas, fazem parte do mesmo processo

> em qualquer posição de liderança. Mas algo naquela oportunidade me atraía de modo irresistível. Meu instinto estava, na ocasião, mais forte do que nunca. Quando não confiava nele e tomava minhas decisões com base apenas no intelecto, eu me sentia infeliz.
>
> Outro desafio interessante era a necessidade de estabelecer novas relações profissionais usando, para isso, da franqueza, honestidade e habilidade indispensáveis. Seis semanas após ter assumido a nova posição, contudo, eu me dei conta de que havia exagerado e precisava mudar de estilo. Deveria ouvir mais, observar melhor a cultura da empresa, fazer mais perguntas, proceder de modo diferente, enfim. Vivi uma experiência que realmente me ensinou muito – e sou grata por isso. Foi uma lição valiosa que recordarei sempre. Quando as coisas ficam difíceis, penso: é assim que as pessoas crescem e se tornam melhores – superando novos desafios e alcançando o sucesso graças à formação de um ambiente de trabalho renovador e estimulante. É preciso sentir desconforto para evoluir. Todos os dias queria que tudo fosse mais fácil, mas tenho 41 anos de idade e é um privilégio entrar nesse novo campo e aprender.

Como se pode notar, Alyce é única em muitos aspectos. Sua coragem de assumir desafios é um deles, sua franqueza é outro. Não conheço muitos executivos que se mostrem dispostos a deixar sua zona de conforto para evoluir na carreira nem a admitir seus erros, muito menos a aprender com eles. Achei a última questão particularmente interessante: Alyce logo percebeu que, nesse novo trabalho, de nada valeria o velho estilo, eficaz apenas num ambiente conhecido em que sua reputação já estava consolidada.

Pouco tempo depois de conhecer Alyce, tive a oportunidade de conversar com outra mulher admirável, Debra Langford, diretora executiva de gestão estratégica de talentos do grupo Time Warner, a maior companhia de mídia do mundo. As formas que ambas escolheram para abordar a mudança de carreira são muito similares. Se você nunca se considerou corajosa diante dos riscos, vai adorar a história de Debra. Eu a conheci quando a revista *Black Enterprise,* focada para o público de origem africana, publicou um artigo sobre um de meus livros. Ela estava entre as quatro mulheres que os editores escolheram para entrevistar a propósito do livro e, por grata coincidência, eu fazia uma série de apresentações na Warner naquela semana. Debra, gentilmente, procurou-me. Apreciei muito sua energia, seu entusiasmo e sua perspectiva original de muitas questões, que me levaram a pedir seu depoimento para este livro:

> Nós, mulheres negras, assumimos riscos continuamente porque somos com freqüência a primeira pessoa da família a seguir uma carreira de destaque em determinadas empresas ou setores. Prosseguimos muitas vezes sem o benefício de uma boa rede de relações que nos ajude a enfrentar as políticas e os obstáculos corporativos – e algumas de nós nem sequer podem contar com um grupo próprio para celebrar as vitórias.
>
> Os maiores riscos que assumo relacionam-se mais à necessidade de sair ao encontro das pessoas do que à maneira pela qual sou ou não recebida. Torna-se, até mesmo, arriscada a crença de que em situações formais, só porque ocupo a posição certa ou trabalho para a empresa certa, o campo de competição seja equilibrado, pois isso não é verdade.
>
> A posição que ocupo atualmente, na qual uma de minhas atribuições é identificar mulheres executivas negras dispostas a trabalhar na maior empresa de mídia do mundo, exigiu que eu assumisse enormes riscos. Foram, de fato, os maiores riscos que já enfrentei, possíveis apenas graças às pessoas que integram minha rede de apoio. Considero, por exemplo, o vice-presidente de recursos humanos da Warner um verdadeiro amigo e mentor. Ele me pediu que confiasse nele e o atendi, pois sabia que acreditava em minha capacidade de fazer bem meu trabalho. Com toda a ajuda que recebi, esse passo foi, na verdade, um risco calculado. Enquanto contar com o apoio dele e de muitas outras pessoas, tenho plena confiança de que serei bem-sucedida.
>
> A aceitação desse cargo foi meu melhor movimento profissional. Não possuía as qualificações exigidas pelo cargo, nunca trabalhei na área de recursos humanos nem como *headhunter*, mas sempre tive a reputação de ser hábil no trato com as pessoas e de valorizá-las pelo que são, e não pela posição que ocupam. Acredito que a empresa também se arriscou ao me contratar para essa nova e ambiciosa função. Graças, porém, a uma excelente rede de boas relações internas e externas, pude fazer contatos preciosos, que resultaram até agora em mais de setenta contratações para a companhia.

Vou enfatizar incansavelmente a importância das boas relações. Alyce aprendeu isso do modo mais difícil. Debra, pelo contrário, soube usar sua rede de apoio para assegurar o sucesso. As mulheres hesitam, com freqüência, na hora de capitalizar sua rede de relações – temem, com essa atitude, tirar vantagem das pessoas. Lembre-se, porém, de que existe uma troca intrínseca em todos os tipos de relacionamento. Se fizer sua parte realizando um bom trabalho e oferecendo informações corretas e até amizade, você poderá perfeitamente solicitar a ajuda das outras pessoas quando isso for necessário.

E QUANDO VOCÊ FALHA...

Como diz Ellen Shedlarz, diretora administrativa da firma de consultoria Mckensey, "O fracasso é inevitável para aqueles que assumem riscos". É por essa razão que deixarei duas citações que dizem muito sobre o assunto:

- "O fracasso é uma oportunidade de começar de novo – com mais inteligência." (Henry Ford)
- "Não fracassei. Apenas descobri 10 mil maneiras de não obter êxito." (Thomas Edison)

Nem todos os riscos que você assume correspondem a suas expectativas. Mas se há uma qualidade dos seres humanos na qual acredito é a capacidade de perdoar – com algumas condições. Se o risco que você assumiu não deu certo, tome as seguintes medidas para se recobrar do golpe:

- **Reconheça o erro:** é essencial a capacidade de seguir adiante com a convicção de que, se não deu certo, pelo menos valeu a tentativa. Quanto maior for sua confiança nesse reconhecimento, menos provável será que as pessoas liguem você ao fracasso.
- **Analise o erro, aprenda com ele e evite o jogo da culpa:** as pesquisas revelam que a mulher, de modo geral, culpa a si mesma pelo fracasso, enquanto o homem lança essa responsabilidade sobre os outros. Nenhuma das duas atitudes é a melhor forma de reconquistar a credibilidade. As pessoas perdoam mais facilmente quando vêem que você examina o fracasso sem acusações e analisa o que deu certo, o que deu errado e o que deverá ser feito de modo diferente no futuro. Prepare-se para essa análise honesta logo após a constatação do fracasso e comunique as lições aprendidas a todos aqueles cuja confiança deseja reconquistar.
- **Separe o ato da pessoa:** o fracasso é um ato, uma circunstância e não uma pessoa. *Você* não é um fracasso, apenas o risco que teve a coragem de assumir não deu certo. Se internalizar a idéia de que falhou durante muito tempo, você provavelmente se tornará mesmo um fracasso.
- **Pense no sucesso como uma escala:** temos a tendência de pensar em sucessos e fracassos em termos radicais. Ambas as contingências fazem, na verdade, parte de uma escala que varia do sucesso absoluto à ausência de

sucesso. Passe a medir os resultados como graus de sucesso em vez de graus de fracasso.

- **Desenvolva a habilidade da resiliência:** sua capacidade de liderança é em parte julgada pela reação que demonstra diante do fracasso. Resiliência é capacidade de se recobrar facilmente ou se adaptar à má sorte ou às mudanças; portanto, se perceberem sua disposição para superar confiantemente os obstáculos, as pessoas creditarão a você essa qualidade básica da liderança. Não confunda, porém, a negação das próprias emoções nem a indiferença aparente com resiliência. As reações emocionais diante dos grandes fracassos fazem parte da natureza humana. Mas a paralisia por causa dessas emoções ou o uso delas como justificativa para desistir da luta é outra história.
- **Continue a assumir riscos calculados:** se fugir dos riscos por causa de um fracasso, você permitirá que o medo do erro a domine. Todos sabemos que Thomas Edison foi um grande inventor, mas ele fracassou em muitas de suas tentativas. Isso, contudo, não o impediu de continuar a assumir os riscos necessários para prosseguir na busca de outros sucessos.
- **Mantenha uma perspectiva positiva:** a maioria das pessoas recorda mais seus fracassos do que seus êxitos. Essa foi a razão que me levou a criar um "arquivo positivo", no qual coleciono bilhetes, cartas, recortes e outras formas de reconhecimento que recebi de escritores, clientes e colegas. Quando enfrento um fracasso, recorro a esse arquivo para lembrar a mim mesma que uma falha não faz um perdedor.

Gostaria de encerrar este capítulo com uma história sobre resiliência. No início de minha carreira de empresária, perdi um grande contrato e não tinha a menor idéia do motivo disso. Por mais que tentasse, não conseguia entender o que havia feito de errado e comecei a duvidar de mim mesma e de minha competência. Comentei essa questão com uma amiga durante a hora do almoço. Ela percebeu que a experiência me derrubara e, em vez de consolar-me, preferiu contar uma história que jamais esquecerei – e gosto de compartilhar com os outros quando é preciso:

Era uma vez uma fazenda em cujo celeiro viviam vários animais. Todos eram muito competitivos e promoviam concursos e torneios com bastante freqüência. Certo dia o corvo desafiou o pássaro azulão para um campeonato de canto. "Sei que posso vencer facilmente", pensou o azulão, "pois me esforcei muito para aperfeiçoar minha voz". Os dois concorrentes escolheram o porco como juiz do concurso. O azulão foi o primeiro e extravasou o coração na delicada melodia de seu canto. Todos os animais o aplaudiram com entusiasmo. O corvo cantou em seqüência com os grasnidos próprios de sua espécie. Aplausos discretos se seguiram. Após refletir por alguns instantes, o porco anunciou que o vencedor do concurso era – o corvo! A platéia reagiu com um murmúrio de protesto enquanto o corvo gritava de alegria e o azulão se debulhava em lágrimas. Um pardal aproximou-se do pássaro choroso, abraçou-o e tentou consolá-lo: "Não chore! Nós todos achamos que você merecia vencer". O azulão, porém, respondeu: "Não estou chorando por ter perdido o concurso, e sim porque permiti que um porco me julgasse".

Sugestões para enfrentar bem os riscos

16. ***Avalie sua disposição.*** As pessoas têm diferentes graus de reação diante da necessidade de assumir um risco. Se seu grau for muito baixo, você não correrá riscos para agregar valor a sua empresa. Se for alto demais, você poderá expor-se a riscos desnecessários jogando com os recursos da companhia, e suas atitudes provavelmente serão vistas como temerárias. Se usar o "Modelo de risco baseado em fatos e sensações" (ver página 61) e o gráfico apontar uma tendência para permanecer no campo "Segurança", isso significa que você talvez não assuma nem mesmo os riscos indispensáveis. Por outro lado, se suas escolhas recaírem com freqüência no campo "Aposta" ou além dele, isso indica que você está sendo impetuosa e não reserva tempo suficiente para coletar e analisar os dados necessários para determinar a viabilidade das decisões tomadas.

17. ***Entre no jogo.*** Se você prefere trabalhar em terreno seguro, será preciso desenvolver sua disposição para correr riscos. Uma boa maneira de fazer isso é assumir pequenos riscos pessoais e verificar que os resultados raramente são catastróficos. Na próxima vez em que alguém pedir sua opinião, não fique calada nem seja evasiva: exponha suas idéias com clareza mesmo sabendo que elas contrariam o ponto de vista da pessoa. Durante uma reunião cujos participantes falam mais que você, arrisque-se e interfira no debate em vez de apenas esperar pelo momento adequado de dizer alguma coisa. Há inúmeras formas de acostumar-se gradativamente a deixar sua zona de conforto.

18. ***Qualifique e quantifique seus instintos.*** Você terá mais confiança ao assumir um risco se articular as várias razões autênticas e bem fundamentadas pelas quais julga que esse risco será necessário e dará bons resultados.

Baseie-se nas observações, nos dados e nas experiências que compilou e elabore um plano racional para enfrentar qualquer risco da melhor forma possível. A velha técnica de organizar duas listas – uma das vantagens potenciais e a outra das desvantagens potenciais de cada risco – ainda é muito eficiente.

19. ***Alinhe os riscos com a missão, as metas e os valores da empresa.*** Se você propuser riscos que não dão suporte às diretrizes da organização, estará no caminho do fracasso. Por melhores que suas idéias se revelem, será muito difícil ganhar o apoio indispensável para garantir o sucesso delas se as pessoas julgarem que seu plano está muito próximo de suas necessidades pessoais em detrimento dos interesses da empresa (nesse caso, seus esforços poderão ser até mesmo sabotados).
20. ***Assuma riscos calculados.*** Nem todos os riscos são iguais. A atitude mais adequada na hora de enfrentá-los envolve o cálculo honesto do grau de segurança, do nível do risco e da previsibilidade dos resultados. Faça também uma análise cuidadosa da relação entre o risco e os benefícios potenciais proporcionados por ele.
21. ***Não seja radical.*** A maioria das decisões que envolvem riscos não precisa ser *rígida*. Os homens tendem a compreender isso melhor que as mulheres e dão a si mesmos chances mais amplas, que garantem melhores resultados, vistos de uma perspectiva mais positiva. Nós, pelo contrário, somos muitas vezes radicais na definição de resultados bem-sucedidos: se não forem significativos, nós os julgamos um fracasso. Ao mensurar os resultados advindos de um risco assumido, aprenda a considerar uma gama mais ampla de aceitabilidade. Se você, por exemplo, estiver a ponto de implementar um novo sistema de pagamento que persuadiu sua empresa a adotar, seria fantasioso esperar que não aparecesse nenhum problema durante a fase de adaptação. Dessa forma, em vez de anunciar que o novo sistema reduzirá o tempo de processamento em 20% e a margem de erro em 40%, dê uma chance a si mesma e afirme simplesmente que, ao longo dos primeiros meses de operação, haverá um declínio de 20% no tempo de processamento e uma diminuição de 40% na margem de erro. Assim, quando as inevitáveis falhas iniciais surgirem, você estará protegida das expectativas negativas e da sensação de fracasso.
22. ***Considere a fuga dos riscos um perigo potencial.*** A insistência em permanecer na zona de conforto não é necessariamente a melhor estratégia de

liderança. Os líderes, por definição, são geradores de mudanças – e isso é *sempre* arriscado. Desenvolva sua tolerância a situações arriscadas assumindo pequenos riscos quando as probabilidades de sucesso forem boas. Essa medida fortalecerá sua credibilidade, além do respeito e da confiança de seus superiores, quando você assumir riscos maiores que eventualmente não tragam bons resultados.

23. ***Escolha o risco certo.*** Se você tem a tendência de assumir mais riscos que seus colegas ou é considerada a "consciência" da organização por dizer sempre o que os outros preferem calar, talvez esteja exagerando e acabe por receber o rótulo de "alarmista" ou "temerária". Cuidado para não confundir situações sem importância com outras bem mais relevantes. Quando deparar com uma série de preocupações que gostaria de expressar ou com algumas mudanças que apreciaria fazer, selecione apenas as duas ou três que mais favoreçam sua imagem – e a de seus seguidores – para agregar valor a seu trabalho e a sua equipe.

24. ***Peça opiniões e apoio antes de assumir riscos, mas não exagere nem se perca na análise da situação.*** Você é, em última instância, responsável pelos riscos que assume. A opinião e o apoio das pessoas aumentam as chances de sucesso, mas não podem substituir a liderança decisiva. Por outro lado, a hesitação excessiva em tomar uma decisão por medo de cometer erros será interpretada como mera incapacidade. Avalie a medida exata de seu senso de urgência em cada situação, assim como o nível de urgência de seus superiores.

25. ***Aprenda a distinguir entre risco reversível e risco irreversível.*** Não existem garantias de bons resultados quando se assume um risco. Por essa razão, é preciso saber, na prática, o que é aceitável ou não para você. Eis um exemplo de risco reversível aceitável: a decisão de transferir sua carteira de investimentos para um novo consultor financeiro com base em recomendações que recebeu e em pesquisas que fez. Um risco irreversível e inaceitável, por outro lado, seria a perda do controle sobre sua situação profissional: você, por exemplo, está procurando um novo emprego e recebe um convite para ingressar na empresa em que sempre desejou trabalhar. Se aceitar, entretanto, terá de se mudar para outra cidade onde não tem relacionamentos nem rede de apoio profissional. Chegam de repente a seu conhecimento notícias confirmadas de que essa companhia luta com sérios problemas financeiros, um de seus diretores foi demitido por práticas frau-

dulentas e os estoques estão caindo. Se deixar seu emprego atual, não haverá chance de retorno. Você tem duas crianças pequenas e, novamente, é a única responsável por elas, mas pode contar com o apoio da família na cidade onde mora. Se aceitar o convite, terá de enfrentar a possibilidade de falência da nova empresa e o risco de ficar sem emprego e sem apoio familiar em uma cidade estranha. Esse seria, sem dúvida, um risco irreversível e inaceitável.

26. ***Prepare-se para o fracasso.*** Todos nós estamos sujeitos a assumir riscos e fracassarmos. O preparo psicológico adequado para lidar com essa situação forma a base da resiliência – um dos mais importantes traços da boa liderança. Quando um risco não dá certo, há três coisas essenciais a fazer:

- Aceitar a responsabilidade sem assumir culpas;
- Identificar as lições aprendidas com o erro e apresentá-las a seus superiores (que certamente estarão ansiosos para constatar que você tem capacidade suficiente para superar a crise);
- Aproveitar o aprendizado em experiências futuras.

Capítulo 4

A influência com (e sem) autoridade

Os melhores discursos de improviso são escritos com grande antecedência.
Ruth Gordon, atriz e escritora americana

Você já exerceu influência se:

- Conseguiu convencer um parente idoso a mudar-se para uma casa de repouso.
- Apresentou e implementou novas políticas ou novos procedimentos corporativos.
- Foi capaz de criar filhos livres de drogas.
- Conseguiu levar um marido relutante ao teatro para assistir a um concerto, a uma peça ou a um espetáculo de balé clássico.
- Obteve desconto na compra de um carro novo.
- Pediu – e recebeu – um aumento, uma promoção ou uma transferência.
- Escreveu um artigo ou uma coluna em jornal ou revista.

Durante séculos as mulheres influenciaram o curso da História – nem sempre como detentoras do poder formal, e sim efetuando mudanças por suas palavras e ações. Condoleezza Rice, secretária de Estado americana; Elizabeth Blackwell, abolicionista, ativista dos direitos das mulheres e primeira médica dos Estados Unidos; Margaret Sanger, enfermeira que promoveu o controle à natalidade, permitindo que as mulheres pudessem controlar a vida e a saúde delas; Eleanor Roosevelt, diplomata e ativista dos direitos humanos; Coretta Scott King, viúva de Martin Luther King, que lutou pelos direitos iguais dos negros e dos brancos nos Estados Unidos; e Madeleine Albright, a primeira mulher a tomar posse da Secretaria do Estado dos Estados Unidos, elas são apenas algumas das mulheres que nunca se elegeram para ocupar cargos corporativos de grande realce, mas mesmo assim prestaram significativa contribuição à sociedade graças a sua capacidade de exercer influência. As mulheres são, na verdade, muito mais influentes do que pensam. Da habilidade de persuadir um filho pequeno a fazer a coisa certa à de convencer um colega de trabalho a experimentar um novo método, as mulheres sabem exercer sua influência com naturalidade e maestria, embora não dêem a si mesmas esse crédito. Uma das razões de nossa competência nesse aspecto é a freqüência com que eliminamos o ego (o nosso, é claro) da questão. Não tentamos *pressionar* os outros, e sim procuramos *induzi-los* com nossas idéias. Pressão requer músculos. Indução requer influência.

Creio que as mulheres fariam seu trabalho de modo muito melhor se empregassem estratégias de influência na comunicação diária. Em razão de termos mais habilidade que os homens no uso da linguagem, nossa tendência é muitas vezes abusar dessa fluência em vez de recorrer à moderação até transmitir nossa mensagem da maneira mais adequada à situação, ao grupo ou à pessoa que tentamos influenciar. Os modelos apresentados neste capítulo oferecem estruturas nas quais você poderá elaborar mensagens que aumentarão as chances de conseguir o que deseja – um aumento, maiores recursos ou a aceitação de uma idéia ou sugestão sua ou de outra pessoa.

A mensagem de influência mais forte que já li veio de uma escrava analfabeta, mas eloqüente, chamada Sojourner Truth. Essa mensagem nasceu no ano de 1851 durante a Convenção dos Direitos da Mulher, realizada em Ohio, nos Estados Unidos. Após várias tentativas masculinas de proclamar a superioridade intelectual dos homens, Sojourner ergueu-se para falar. Algumas mulheres presentes na platéia quiseram detê-la, receosas de que o movimento em favor dos direitos femininos fosse ali ofuscado pela campanha abolicionista. Mal sabiam elas que os dois movimentos ficariam irreversivelmente ligados no curso da História – e um acabaria, na verdade, por ajudar o outro. Nada, naquele momento, calaria a voz de Sojourner, que proferiu o que seria conhecido em todo o país como o discurso "E não sou eu uma mulher?":

> Bom, meus filhos, onde existe tanta algazarra deve ter alguma coisa fora dos eixos. Eu acho que entre os negros do sul e as mulheres do norte, que falam todos sobre direitos, os homens brancos logo estarão em apuros. Mas o que significa esta conversa toda agora? Aquele homem sentado ali diz que as mulheres precisam ser ajudadas a subir nas carruagens, a atravessar poças de lama, e a elas devem ser reservados, em toda parte, os melhores lugares. Ninguém nunca me ajudou a subir nas carruagens, a pular sobre uma poça de lama nem reservou lugar algum para mim! E não sou eu

uma mulher? Olhem para mim! Olhem para meus braços! Eu arei a terra, plantei, colhi e juntei a colheita nos celeiros, e nenhum homem me suplantou nisso! E não sou eu uma mulher? Eu podia trabalhar e comer tanto quanto um homem – quando me deixavam fazer isso – e também podia suportar o peso do mesmo chicote! E não sou eu uma mulher? Dei à luz treze filhos e vi quase todos vendidos como escravos, e quando chorei minha dor de mãe ninguém me ouviu além de Jesus! E não sou eu uma mulher? E agora vocês falam dessa coisa que temos na cabeça, como é o nome? [Alguém na platéia murmura: "Intelecto".] Está certo, filho. Mas o que tem isso a ver com os direitos das mulheres ou dos negros? Se minha caneca não tem um pingo de leite e a sua está cheia até a boca, você não seria mesquinho se não me desse a metade? E então chega aquele homenzinho de preto ali e diz que as mulheres não podem ter tantos direitos quanto os homens porque Cristo não era mulher! De onde veio esse seu Cristo? De Deus e de uma mulher! O homem não teve nada a ver com Ele. Se a primeira mulher criada por Deus era tão poderosa que, sozinha, virou o mundo de ponta-cabeça, as mulheres de hoje, unidas, seriam capazes de fazer o mundo voltar ao lugar e dariam jeito nele! E, quando elas pedem para fazer isso, é melhor que os homens permitam. Obrigada por me ouvir, mas agora a velha Sojourner não tem mais nada a dizer.

Gostaria muito de ter estado lá em pessoa para ouvir essa mensagem. Eu a li dúzias de vezes, e sempre me sinto inspirada. Por quê? Como essa mulher sabia intuitivamente tanto sobre influência para ensinar a todos nós? Afora o próprio teor (a mensagem verbal), seu discurso contém certos elementos comuns a todos os líderes influentes – com ou sem autoridade formal:

- A mensagem reflete seus valores.
- Ela se expressa com termos diretos e usa palavras simples.
- A mensagem principal é reforçada várias vezes por meio de uma frase marcante.
- O discurso contém exemplos familiares ou pelo menos compreensíveis a todos.
- Ela sabia o momento certo de parar e fez o público sentir isso.

Pedi a meu caro amigo e colega Tom Henschel, presidente da empresa de consultoria Essential Communications, sediada na Califórnia, para ler o discurso, analisá-lo segundo sua perspectiva de consultor de comunicação e dizer-me o que o tornou tão poderoso. Sua resposta foi a seguinte:

Posso destacar seis elementos nesse discurso, mas há um deles bem específico da ocasião e das circunstâncias: ela conhecia seu público e usou estratégias eficazes para envolvê-lo. Esse é um aspecto importante da influência – o estabelecimento de um vínculo com as pessoas que estão na platéia e a impressão de que o orador é parecido com elas ou pelo menos as compreende. Esse vínculo representa muito. Vou comentar agora os outros cinco elementos:

1. **Ela começa usando um estilo bem coloquial** ("... onde existe tanta algazarra deve ter alguma coisa fora dos eixos."). Deixa em seguida esse tom tão coloquial e não volta a usá-lo. Acho que isso foi intencional – ainda que talvez inconsciente. Foi o estabelecimento da tônica da mensagem.
2. **Ela passa rapidamente ao aspecto pessoal.** Fala de alguns grupos (os negros do sul, as mulheres do norte e os homens brancos), mas é uma citação muito breve. Quase de imediato passa a falar de si mesma, sua mensagem está cheia de frases que contêm o pronome "eu". O discurso é pessoal e sem dúvida pertence a ela!
3. **Ela fala com paixão.** Não fica nenhuma dúvida disso!
4. **Ela constrói um crescendo.** Seus primeiros exemplos falam de gentilezas sociais: ceder o melhor lugar às mulheres, entre outras coisas. Em seguida intensifica o tom falando do trabalho, do chicote, da perda dos filhos e finalmente da religião – o que, de acordo com a moral da época, representava o ponto máximo a atingir. Nada que tivesse origem terrena poderia superar a santidade de Deus.
5. **Ela adota um refrão** ("E não sou eu uma mulher?"). Esse recurso tem a força da batida de um tambor. Trata-se de um antigo artifício retórico que está presente na literatura grega, em Shakespeare e até em Abraham Lincoln: "Do povo, pelo povo e para o povo". Martin Luther King soube, ainda, usá-lo com muita eficácia em seu conhecido discurso "Eu tenho um sonho".

Nunca saberemos, no entanto, durante quanto tempo Sojourner Truth preparou mentalmente essa mensagem. Talvez tenha passado a vida inteira a prepará-la. Sabemos que não a escreveu, pois não foi alfabetizada. Mas sei com certeza que as pessoas influentes se preparam para todas as apresentações que fazem – *e cada vez que abrimos a boca estamos fazendo uma apresentação.* As pessoas sempre lhe darão ouvidos se você simplesmente pensar bem naquilo que quer dizer e na melhor maneira de dizê-lo antes de transmitir sua mensagem.

VÁ DIRETO AO PONTO

Tive uma cliente que pensava em voz alta o tempo *todo* – sem exagero. Era uma mulher brilhante, mas esse hábito dificultava a compreensão de suas idéias principais e confundia a comunicação. Quando comentei essa característica, ela sorriu e me mostrou um pequeno caderno em que seu filho de 8 anos escrevera: "Minha mãe não consegue *parar de falar*". As crianças, sem dúvida, sempre nos fornecem o melhor *feedback.*

Muitas mulheres lutam com esse dilema. Sua tendência é mencionar informações excessivas antes de chegar ao ponto central da mensagem. Algumas agem assim por insegurança, outras porque se sentem compelidas, por uma questão de justiça, a dizer tudo o que sabem sobre um assunto antes de dar sua opinião. *Mas ninguém deseja nem precisa saber tudo o que você pensa.* Talvez sinta necessidade de falar, entretanto essa atitude vai, inevitavelmente, reduzir a eficácia de sua capacidade de influência.

Tom Henschel (consultor de comunicação) usa um modelo que chama de "comunicação principal". Considero-o tão útil que não apenas o adotei como também o recomendo a minhas clientes. A premissa é simples: *a primeira coisa que deve sair de sua boca é a mensagem-chave que você deseja passar às pessoas.* O diagrama abaixo mostra como "escrever" mentalmente, e com antecedência, sua mensagem:

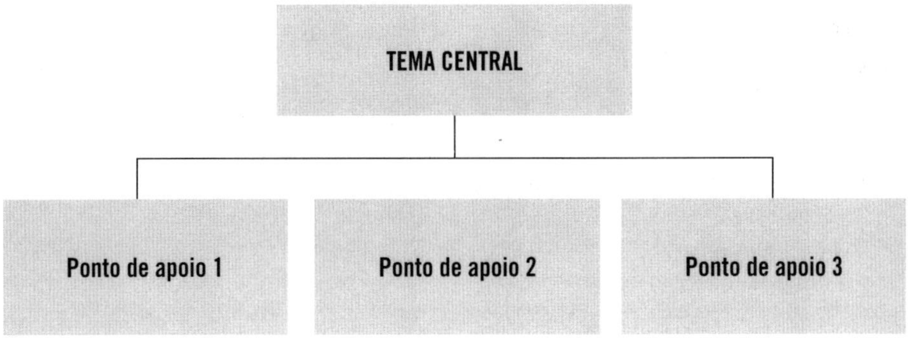

Quer se trate de uma pergunta que queira fazer, quer de uma opinião que deseje dar, você terá mais credibilidade se "formatar" sua mensagem de acordo com esse modelo. Vamos supor que esteja em uma reunião na qual esta questão é proposta: "Qual é a providência mais importante que devemos tomar nos próximos sessenta dias para superar os obstáculos que temos enfrentado no setor de entrega de nossos produtos?”. Essa pode ser a chance que você esperava para apresentar suas idéias e a resposta, portanto, talvez esteja na ponta da língua. De qualquer forma, antes de abrir a boca, pense no tema central que quer passar aos outros e também em duas ou três razões que justifiquem sua opinião. Quando se habituar ao uso desse modelo, só vai precisar de alguns segundos para formular uma mensagem. Sua resposta na reunião poderia ser assim:

TEMA CENTRAL
O mais importante é reduzir o tempo de entrega e simultaneamente elevar a qualidade e a produtividade. Há três formas de conseguir isso:

Ponto de apoio 1
Primeiro: temos perdido muito tempo com devoluções e trocas por causa de problemas de qualidade. Isso desperdiça nossos recursos de entrega. Recomendo um estudo dos motivos das devoluções e um esforço concentrado na melhoria das áreas envolvidas.

Ponto de apoio 2
Em seguida, será preciso considerar a possibilidade de terceirização das entregas nos locais mais distantes da fábrica. Dadas as condições atuais do pessoal, não podemos garantir todos os prazos de entrega.

Ponto de apoio 3
Finalmente, sugiro a implantação de um programa de incentivo para recompensar os empregados pela redução de defeitos e pela entrega pontual.

Tal esquematização do pensamento proporciona outro benefício: permite que *você* saiba o momento exato em que completou sua mensagem e indica que é hora de parar. Mesmo que não esteja segura de ter passado toda a mensagem, não continue a falar. Faça, pelo contrário, perguntas adequadas, como: “Respondi satisfatoriamente a questão?”. Isso permite que as pessoas peçam explicações complementares se necessário. Neste caso, recorra outra vez ao modelo para qualquer nova resposta.

O método da "comunicação principal" não se aplica apenas ao ambiente profissional – é válido em *qualquer* lugar onde você queira falar e ser ouvida:

- **Em casa:** sugiro começar agora a planejar nossas próximas férias. Isso nos dará tempo suficiente para fazer reservas no avião, escolher o hotel mais conveniente e elaborar o melhor roteiro de viagem.
- **Com os amigos:** gostaria de organizar com vocês um programa de revezamento para levar nossos filhos à escola. Isso dispensaria cada um de nós, pelo menos uma vez por semana, da tarefa de dirigir, daria tranqüilidade a todos com relação à segurança das crianças e nos permitiria conhecer um pouco mais seus outros colegas de classe.
- **No trabalho voluntário:** proponho a identificação das competências essenciais para complementar nossa base de conhecimento antes de dar início às tarefas voluntárias. Essa medida vai garantir a existência das habilidades necessárias para enfrentar os desafios de gerir nossa organização, vai favorecer a diversidade de talentos de nosso quadro e vai motivar as pessoas a trabalhar melhor por sentir que suas qualidades serão úteis e valiosas.

Esse modelo de comunicação não é tão difícil quanto possa parecer inicialmente, mas requer algum planejamento. Se você deseja ser influente em quaisquer circunstâncias, certifique-se, *antes* de começar a falar, de que identificou com clareza o tema mais importante da mensagem que pretende transmitir às pessoas.

INFLUÊNCIA POSITIVA

Quando se trata de influência, muitas mulheres relutam em falar de modo tão direto quanto mostram os exemplos citados por medo de serem tachadas de autoritárias e egocêntricas. Essa é uma das razões de nossa tendência de falar mais que o necessário. O uso de um maior número de palavras sempre ameniza a mensagem – e é *exatamente* isso que as mulheres tentam fazer, ainda que de forma inconsciente. O problema resultante disso é óbvio: você não será tão influente quanto deseja se suavizar desnecessariamente sua mensagem. Acredito que os termos "autoritária" e "egocêntrica" são apenas mais um recurso "qualificativo" do sistema masculino predominante em nossa cultura para manter o *status quo*. Mesmo quando se expressa da forma mais adequada possível, você é "brindada" com rótulos desse tipo porque se tornou uma ameaça ao domínio que *eles* querem reter.

O que *você* pode fazer então para manter forte sua opinião e reduzir o risco de ser julgada injustamente? Isso não é, na verdade, tão difícil, mas é preciso, em primeiro lugar, compreender que há regras diferentes para os homens e para as mulheres com relação a se dizer o que precisa ser dito. Todos esperamos que as mulheres apresentem *comportamento inclusivo* – e demonstrem preocupação com a opinião alheia, solicitando-a, em vez de se limitar apenas à expressão de frases afirmativas. Vamos examinar a diferença:

- **Frase afirmativa:** "Recomendo *enfaticamente* a mudança de nossa estratégia de marketing no final do segundo trimestre sob o risco de perdermos uma porção significativa do mercado".
- **Frase afirmativa + inclusiva:** "Recomendo *enfaticamente* a mudança de nossa estratégia de marketing no final do segundo trimestre sob o risco de perdermos uma porção significativa do mercado. Embora eu tenha fortes convicções sobre o assunto, gostaria de ouvir a opinião de todos antes da decisão final".

Enquanto no primeiro caso não há espaço para discussão, a segunda frase é um convite aberto à troca de idéias. Esta é uma das técnicas que você pode usar para discordar sem ser desagradável. A intenção, com esse recurso, não é perder a voz nem a presença durante uma reunião, e sim promover a inclusão – atitude feminina esperada pela maioria das culturas. Não deixa de ser interessante constatar que essa técnica integra o centro das formas positivas de comunicação, embora as mulheres se sintam, com freqüência, muito agressivas quando a adotam.

O gráfico apresentado adiante esclarece bem como a postura positiva se caracteriza pela combinação de intensa auto-expressão e igual nível de preocupação com as necessidades e a opinião dos outros. De acordo com o gráfico, as mulheres têm mais probabilidade de agir positivamente do que os homens – embora, quando o façam, sejam chamadas de agressivas! A positividade é um comportamento tipicamente feminino, enquanto a agressividade é uma característica masculina.

Vou mostrar agora alguns exemplos para esclarecer a maneira como esses comportamentos se manifestam em situações mais ou menos comuns. Você está num restaurante caro e pede um filé ao ponto. O prato chega e, ao começar a comer, você verifica que o filé passou tanto do ponto que mal consegue usar a faca. Há várias atitudes possíveis se você for do tipo:

LÍDER POSITIVO

Muita auto-expressão + pouca preocupação com os outros = agressivo Adequado em situações de emergência	**Muita auto-expressão + muita preocupação com os outros = positivo** Adequado em quase todas as situações
Pouca auto-expressão + pouca preocupação com os outros = passivo-agressivo Nunca é adequado	**Pouca auto-expressão + muita preocupação com os outros = passivo** Adequado em situações de alto risco

AUTO-EXPRESSÃO

PREOCUPAÇÃO COM OS OUTROS

- **Passivo:** vai comer o filé e, quando o garçom se aproximar e perguntar se a refeição estava de seu agrado, vai responder: "Estava ótima".
- **Passivo-agressivo:** vai mexer o filé de um lado a outro do prato e comentar com seus amigos, aos resmungos, que está horrível. Quando, porém, o garçom se aproximar e perguntar se gostou do prato, você vai sorrir e dizer que sim. Mas, na saída, vai censurar o garçom e dizer que não lhe dará gorjeta porque ele não trouxe o prato conforme seu pedido. Além disso, ao cruzar com um casal que entra no restaurante, você vai sugerir que ambos escolham outro lugar para jantar.
- **Agressivo:** você vai chamar o garçom com um grito e, em voz alta para que todos ouçam, vai dizer: "Este filé parece ao ponto para você? Leve-o de volta. Como é que vocês conseguem estragar desse jeito uma boa carne?".
- **Positivo:** você, ao perceber que houve algum engano, vai chamar discretamente o garçom, indicar o mal-entendido e pedir que lhe traga outro filé, desta vez ao ponto. Na saída, já solucionado o problema, vai dar a ele, com toda a calma, a gorjeta que merece.

Como você pôde ver, cada exemplo reflete maior ou menor grau de auto-expressão e de preocupação com os outros. Suponhamos agora que você tenha uma funcionária que lhe pede *feedback* sobre seu desempenho. Ela está genuinamente preocupada em atender a suas expectativas e busca orientação. Eis a reação possível de cada um dos tipos:

- **A líder passiva:** "Você está indo muito bem, não se preocupe. Persista no bom trabalho". A funcionária recebe uma boa avaliação, mas perde a oportunidade de desenvolver novas habilidades que enriqueceriam seu currículo. Essa líder evita um *feedback* honesto, mas não penaliza sua funcionária por isso.
- **A líder passivo-agressiva:** "Seu trabalho é muito bom, não se preocupe. Continue assim". Mais tarde, quando a funcionária recebe a avaliação anual de desempenho, encontra observações negativas que reduzem sua média e também o aumento de salário que ela esperava em razão do *feedback* solicitado anteriormente. A líder, sem dúvida, não teve coragem de ser sincera. A liderança passivo-agressiva comete esse erro com freqüência – diz uma coisa na presença do seguidor e outra em sua ausência.
- **A líder agressiva:** "Você por acaso é burra? Quantas vezes eu já lhe disse que precisa melhorar muitos aspectos de sua redação se quiser continuar aqui? O que devo fazer, gravar isso em sua mesa?" Essa líder tem certamente muita auto-expressão, mas pouquíssima preocupação com os outros. A funcionária é informada da própria situação, mas os comentários não só desfavorecem seu desenvolvimento como também prejudicam sua autoconfiança.
- **A líder positiva:** "Fico contente com sua pergunta. Tenho mesmo um *feedback* que pode beneficiá-la e acho que, com um pequeno esforço, você vai melhorar seu desempenho, que foi bom no ano passado, para aperfeiçoá-lo ainda mais agora. Há um aspecto específico em que gostaria de ajudá-la: notei que sua redação contém alguns erros, mas se você reler com cuidado seus relatórios o problema será eliminado. Pode também pedir orientação a um de seus colegas, pois às vezes isso é muito útil". Essa líder oferece um *feedback* honesto e direto sem demolir o ego de sua funcionária. Em outras palavras, demonstra muita auto-expressão combinada com alta preocupação pelos outros.

Com um pouco de prática e o hábito de preparar mentalmente, com antecedência, suas mensagens, você poderá desenvolver um estilo de influência que lhe permitirá expressar-se com clareza e reduzir os julgamentos e mal-entendidos.

INFLUÊNCIA SEM AUTORIDADE

Uma coisa é exercer influência quando sua posição lhe dá o apoio necessário, isto é, quando você está no comando de um projeto ou de um departamento. Outra coisa muito diferente é exercer influência quando você não dispõe de nenhuma autoridade direta. Minha experiência em trabalhar com pessoas (sobretudo mulheres) que ocupam cargos de apoio no mundo corporativo ensinou-me bastante sobre influência sem autoridade. Por essa razão, pedi a Terry Monahan, executiva que enfrentou alguns dos maiores desafios de liderança do mundo dos negócios, para contar sua história.

Durante os últimos vinte anos, ela liderou o setor administrativo da McKinsey & Company, considerada por muitos a principal empresa de consultoria internacional. O que torna seu trabalho tão difícil é o fato de que, embora supervisione equipes de profissionais altamente qualificados e bem-educados, essas pessoas, na verdade, recebem grande parte de suas ordens rotineiras dos consultores da companhia. Em outras palavras, isso faz de Terry uma líder intermediária. Se um consultor estiver insatisfeito com o trabalho de um assistente administrativo, por exemplo, provavelmente levará o problema a Terry para que o resolva. Por outro lado, se um auxiliar administrativo estiver preocupado com a opinião de um consultor, certamente também levará essa questão ao conhecimento dela. Assim, Terry se vê com freqüência compelida a influenciar pessoas sobre as quais não tem autoridade. Muitas mulheres ocupam posições semelhantes. Se você se encontra nesse tipo de situação, siga o exemplo de Terry Monahan. Eis um dos segredos de seu sucesso:

> Aprendi que, para influenciar pessoas sobre as quais não tenho autoridade, preciso comunicar-me com elas segundo seu estilo. Quando falo com os consultores, sei que não querem detalhes. Eles querem respostas. Querem também saber por que essas respostas vão beneficiá-los, além dos resultados que poderão obter se aceitarem minhas sugestões. Sou respeitada porque comunico minha posição com clareza e confiança, o que os leva a confiar em minha competência. O fato é que as empresas só nos contratam porque acreditam na qualidade de nosso trabalho. Atitudes e decisões coerentes e firmes, portanto, constituem a prova de que tinham razão. Você deve ver a si mesma como parceira nesse processo, e não apenas como uma funcionária que segue

fielmente as ordens recebidas. Preciso reunir coragem suficiente para discordar quando alguma coisa me parece errada e apresentar os motivos de minha desaprovação, mas também devo reconhecer que, apesar de tudo, a decisão final não será minha. Descobri que, se fizer meu trabalho com profissionalismo e me comunicar de modo que seja bem compreendida, poderei exercer influência efetiva sobre as pessoas.

Os funcionários administrativos, ao contrário dos consultores, apreciam os detalhes e se beneficiam deles, pois ficam inteirados dos motivos das ordens que recebem e das decisões que vão afetar seu trabalho. A boa comunicação com eles, portanto, é um importante fator de aceitação e boa vontade.

Nós, mulheres, nos vemos em muitas situações em que, assim como Terry, a palavra final não é nossa nem temos autoridade formal que nos dê suporte. Sua sugestão de que devemos nos comunicar segundo o estilo das pessoas que pretendemos influenciar é perfeita. Além de preparar nossa mensagem com antecedência e comunicá-la de forma positiva, é preciso usar linguagem e palavras adequadas aos que nos ouvem. As mulheres, de fato, revelam grande habilidade de fazer isso. Tivemos anos de prática, durante os quais aprendemos a influenciar nossos maridos, nossos filhos e familiares. Para se convencer de sua capacidade de influência, observe as mudanças de tom e de linguagem que você adota quando fala com cada uma dessas pessoas.

ADAPTE SEU ESTILO DE INFLUÊNCIA ÀS NECESSIDADES ALHEIAS

Conheço um modelo de influência que aplico há anos em meu trabalho e quero apresentar a você, pois é muito simples. Se adotar o hábito de usá-lo, suas chances de conseguir os resultados que pretende serão maiores. Examine as quatro figuras geométricas impressas a seguir e verifique qual delas exerce mais atração sobre você. Talvez, no primeiro momento, duas se destaquem, mas procure escolher apenas uma delas.

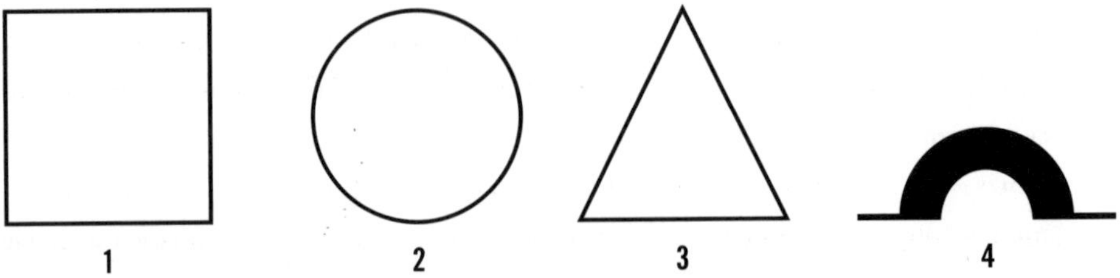

Cada uma das figuras representa um estilo de personalidade que afeta a forma de comunicação. Não há ninguém que se encaixe inteiramente em um só estilo – possuímos traços existentes nos quatro tipos, mas a maioria das pessoas recorre a um deles mais do que aos outros. Se você conhecer seu estilo e o das pessoas com quem interage, será mais fácil influenciá-las com eficiência adaptando sua mensagem às preferências delas. O diagrama apresentado abaixo descreve o significado das quatro figuras geométricas.

O USO DOS ESTILOS DE COMUNICAÇÃO NA INFLUÊNCIA

Estilo	O que quer saber	Como identificar	Como influenciar
1. Racional	Quais são os fatos?	Os racionais usam trajes conservadores, apreciam ambientes que sugerem austeridade e rigor e sua linguagem reflete mais preocupação com os dados do que com as necessidades humanas. São às vezes considerados frios e distantes.	Evite assuntos pessoais com os tipos racionais, que fogem de conversas mais íntimas. Eles só querem os fatos. Pesquise, prepare sua mensagem com antecedência e enfatize a lógica.
2. Altruísta	Qual é a opinião dos outros sobre essa idéia?	O altruísta é o tipo capaz de personalizar o uniforme da empresa usando cores alegres ou acessórios. Seu ambiente apresenta fotos de família, plantas e objetos pessoais. Ele diz "eu sinto" antes de dizer "eu penso" e busca a opinião dos outros para tomar decisões.	Não tenha pressa ao abordar um tipo altruísta. Demonstre que levou em consideração o impacto de suas idéias sobre as pessoas ou pediu a opinião delas. Caso sua sugestão seja muito inovadora, faça tudo para provar a eficácia dela perante o grupo.
3. Realizador	Qual é o objetivo final?	Os realizadores gostam de se vestir confortavelmente e são um pouco descuidados com a aparência (mangas arregaçadas, sapatos por engraxar, roupas amarrotadas). Falam depressa, economizam as palavras e seu ambiente está próximo do caos.	O realizador pensa com rapidez e quer saber, sobretudo, o resultado final. Muna-se de dados, mas não os avalie sem que ele solicite e, caso ele pergunte, resuma. Demonstre que sua proposta pode ser implementada com êxito e terá impacto positivo sobre o resultado final.
4. Inovador	Como essa idéia nos situará no futuro?	O inovador veste hoje o que todos vão vestir amanhã. Seu ambiente costuma conter brinquedos, miniaturas ou arte abstrata. Um exame rápido de sua estante pode revelar interesse por livros sobre tendências atuais e pensamento contemporâneo.	O pioneirismo é importante para o inovador, portanto, demonstre que suas idéias não são apenas variações de conceitos antigos nem de velhos métodos de trabalho. Ele também gosta de dados, mas, ao contrário do tipo racional, usa-os para projetar ou conectar idéias.

Como já disse, todos possuímos características dos quatro estilos de comunicação. Dessa forma, na tentativa de determinar o tipo da pessoa que pretende influenciar, você deve ser observadora e flexível para evitar enganos e mal-entendidos.

Alguns consideram antiético o uso de modelos desse e de outros tipos, como se tentássemos manipular os outros. Isso é bobagem. Ao adotar um modelo, não altero o conteúdo real de minha mensagem, mas apenas a maneira pela qual transmito essa mensagem. Recorreria à manipulação se mentisse dizendo às pessoas aquilo que querem ouvir em vez de expressar minha opinião com honestidade. Contudo nosso tema não está relacionado a essa questão. Pelo contrário, ele fala sobre as formas de estruturar a mensagem de modo que o ouvinte possa processá-la segundo as preferências *dele* – e não de acordo com as minhas. Em qualquer situação, portanto, evite a tendência de se basear exclusivamente em *seu* estilo de comunicação.

Vejamos alguns exemplos de mensagens que transmitem a mesma idéia segundo estilos variados de comunicação para entender melhor essa técnica. Suponhamos que você pertença a uma organização sem fins lucrativos que luta para obter maior divulgação na mídia e, com isso, conseguir mais fundos. Antes da próxima reunião, você deseja conquistar o apoio de alguns membros influentes do conselho para uma idéia que teve. Mostro agora como ficaria sua mensagem dirigida a cada tipo de pessoa:

- **Para o racional:** Ana, estou ligando para lhe explicar uma idéia que vou apresentar na próxima reunião do conselho e pedir seu apoio. Fiz algumas pesquisas e descobri que 82% das organizações do porte da nossa contratam consultores de mídia para ajudá-las em suas campanhas publicitárias. Um investimento de 100 mil dólares resulta em um aumento de 60% das novas doações, elevação de 20% das doações já existentes e redução do desgaste de nossa base doadora na ordem de 15%. Isso significa um crescimento potencial de 750 mil dólares anuais sobre o investimento inicial de 100 mil dólares. Você precisa de mais algum *dado* para tomar uma decisão?
- **Para o altruísta:** Alô, Carlos. Antes de falar de negócios, quero perguntar como vai a nova função. Sei que as transições são difíceis e espero que a sua corra bem. [Pausa para ouvir a resposta.] Parece que tudo está dando certo e isso me alegra. Deixe-me explicar o motivo de minha ligação: tive uma idéia, queria ouvir sua opinião sobre ela e saber se você gostaria de

me dar seu apoio na próxima reunião do conselho, quando pretendo apresentá-la. Estive em contato com os conselhos de outras organizações como a nossa e descobri que seus membros tiveram uma agradável surpresa com os resultados da contratação de consultores de mídia externos. É claro que a melhor escolha será importante para nós, pois queremos alguém que se alinhe com nossa causa e comunique nossos valores da maneira mais adequada. As pessoas que consultei me disseram que, graças à orientação certa, conseguiram arrecadar dinheiro suficiente para atingir as metas de sua causa. Descobriram que um investimento médio de 100 mil dólares pode render cerca de 750 mil dólares em novas contribuições anuais. Já conversei com outros membros do conselho e eles estão dispostos a aderir à idéia. Diga-me, por favor, como você se *sente* em relação a essa questão?

- **Para o realizador:** Sei que está ocupado, Sérgio, e não quero tomar seu tempo, por isso vou direto ao ponto. Pretendo propor, na próxima reunião do conselho, a contratação de um consultor externo para gerir nossa campanha na mídia. Organizações similares que fizeram isso relatam que o aumento final das contribuições adicionais chegaram à ordem de 40%. Esse é um excelente retorno para qualquer tipo de investimento. Tenho comigo todos os dados necessários e gostaria de enviá-los por *e-mail* caso queira examiná-los. Você precisa de mais alguma informação para *o próximo passo*?
- **Para o inovador:** como sabe, Diana, tenho procurado formas de tornar nossa organização financeiramente mais sólida no futuro para atender melhor nossa missão e nossas metas. Fiz algumas pesquisas em outras organizações que buscavam o mesmo objetivo e descobri que a contratação de um consultor de mídia externo pode elevar o nível anual das contribuições em 40% graças à conquista de novos doadores, ao aumento das contribuições dos doadores já existentes e à redução do desgaste de nossa atual base doadora. Quatro dentre as dez pessoas que entrevistei mostravam-se apreensivas com a possibilidade de sua empresa fechar as portas em poucos meses, mas a consultoria resolveu a situação e afastou esse perigo. Uma vez que nossa principal preocupação é assegurar a viabilidade fiscal durante os próximos cinco anos, acredito que essa alternativa se ajusta com perfeição a nosso plano estratégico. Como poderemos *apresentar essa idéia* aos outros membros do conselho e persuadi-los a *garantir nosso futuro*?

ADAPTE SEU ESTILO DE INFLUÊNCIA A CADA SITUAÇÃO

Há mais um fator a considerar na hora de estabelecer sua estratégia de influência: a situação. Em algumas circunstâncias, você é de fato a especialista no assunto e as pessoas aceitam sua influência sem relutância. Existem, porém, muitas situações que suscitam reflexão: talvez você insista em seguir determinada diretriz baseada em preocupações legítimas, e isso lhe dá o direito de agir assim; talvez deseje convencer as pessoas de que uma nova idéia é a melhor solução, mas não dispõe de fatos concretos para apoiar seus argumentos; e talvez ainda os resultados sejam menos importantes em certos casos que a preservação das boas relações. Cada uma dessas situações requer táticas distintas de influência, e a avaliação antecipada do estilo mais adequado decerto vai aumentar as chances de conseguir o resultado esperado. Apresento agora cinco táticas recomendáveis e a melhor ocasião para adotá-las:

- **Fatos:** o uso de fatos e demonstrações para influenciar os outros a aceitar determinada diretriz será mais eficaz se você for uma *especialista no assunto* ou se tiver todas as informações necessárias para persuadi-los a tomar uma decisão específica. Eis um exemplo de influência baseada em fatos: "A pesquisa mostra que apenas 20% dos lucros de empresas similares à nossa derivam das vendas feitas via internet. Entretanto, 60% de seus ganhos se originam de campanhas de publicidade veiculadas pela mídia. Isso deixa claro que devemos destinar mais recursos à segunda alternativa".
- **Declarações:** há ocasiões em que suas legítimas necessidades e expectativas têm precedência sobre simples fatos e requerem o uso de uma declaração formal como tática de influência. Tenha cuidado, porém, pois algumas declarações prejudicam as boas relações, e por esse motivo você deve empregá-las com parcimônia e apenas em emergências, em situações nas quais não resta nenhuma alternativa e sua autoridade, formal ou informal, pode sustentar sua atitude ou caso esteja disposta a abrir mão dos relacionamentos envolvidos para alcançar o resultado esperado. Suponha, por exemplo, que um de seus colaboradores apresenta desempenho inferior às expectativas e você já lhe chamou a atenção, inutilmente, sobre todos os atrasos e erros que ele tem cometido. Tudo indica ter chegado o momento de apelar para a tática da declaração. Fale com toda a clareza sobre o comportamento dele e as conseqüências inevitáveis: "Já conversamos várias

vezes antes, mas seu desempenho continua abaixo dos padrões de nosso departamento. Quero avisá-lo de que, se não mudar imediatamente de conduta, seu emprego nesta companhia estará correndo sérios riscos". Como se pode ver, essa abordagem é mais direta e decisiva do que a mera exposição de fatos, que induz as pessoas a chegar a uma conclusão lógica.

- **Conexões:** essa tática de influência é eficaz quando há opiniões diferentes sobre uma decisão ou uma diretriz e é importante manter abertas as vias de comunicação e as boas relações. Você deve ouvir com boa vontade as idéias dos outros, verificar se de fato as entendeu e buscar uma forma de conciliar seus pontos de vista com essas idéias. A experiência ensinou-me que as mulheres tendem a confiar demais nessa técnica, a ponto de preterir as outras quatro. Eis um exemplo da tática de conexão: "Se entendi bem, vocês acham que não devemos tomar nenhuma atitude a respeito desse assunto antes de obter mais informações. Embora eu também acredite que novos dados teriam grande utilidade e que seria preciso pesquisar mais, creio igualmente na necessidade de começar a agir com o material que já temos se não quisermos perder a oportunidade". Essa é, como se pode ver, uma abordagem bem mais conciliatória que as duas táticas anteriores.
- **Apelo emocional:** quando idéias novas ou exóticas são apresentadas, torna-se difícil visualizá-las, sobretudo para as pessoas conservadoras ou afeitas ao aspecto concreto da vida. Os líderes que adotam o apelo emocional usam palavras eloqüentes e pintam um quadro verbal que envolve, inspira e motiva os outros a aceitar a diretriz sugerida. Essa tática requer, no entanto, bom conhecimento das necessidades ou dos interesses dos participantes do processo, caso contrário corre o risco de parecer um esquema desatinado. Um bom exemplo dela seria: "Vocês falaram da importância de um produto que dê novo impulso à empresa, encante os clientes e motive nossos vendedores a atingir as metas mensais como nunca antes. Bem, eu tenho exatamente esse produto. Quero que se imaginem sentados em sua sala, após um duro dia de trabalho, onde recebem a massagem da mais poderosa e eficiente poltrona terapêutica já fabricada. A sensação é como se trinta dedos delicados retirassem todo o estresse acumulado nas costas e no pescoço. Além disso, o produto pode adaptar-se à decoração da casa e seu motor tem garantia de dez anos. Não existe atualmente nada igual no mercado, e estamos diante da oportunidade de ser seus distribuidores exclusivos".

- **Isenção:** a maioria das pessoas não vê a isenção como uma tática de influência, mas esse é um equívoco. A capacidade de interpretar uma situação e de saber falar ou calar no momento certo é uma habilidade de influência que muita gente faria bem em aprender. Suponhamos, por exemplo, que você deseja um aumento de salário. O último relatório trimestral da empresa, no entanto, revela que os lucros ficaram abaixo das expectativas. Esse não é, obviamente, o momento ideal de falar no assunto, e você decide aguardar por algum tempo. A atitude de adiar o pedido de aumento (ou a isenção dessa idéia) é uma técnica de influência inteligente porque vai elevar as probabilidades de conseguir seu objetivo no curto prazo.

Espero que este capítulo tenha ajudado você a refletir sobre os muitos fatores responsáveis pelo desenvolvimento da capacidade de influenciar as pessoas. O aspecto mais importante, porém, é a decisão de preparar *conscientemente* suas mensagens, com a necessária antecedência, lançando mão de *todas* as estratégias sugeridas para se tornar uma líder ainda mais influente.

Sugestões para desenvolver habilidades de influência

27. ***Tenha certeza do que você quer desde o início.*** Há uma antiga maldição chinesa que diz: "Que você tenha uma idéia maravilhosa, mas não seja capaz de convencer ninguém". O risco de ser vítima dessa praga será maior se seus objetivos não estiverem bem claros *antes* de você começar a exercer a influência necessária. Em razão do medo da rejeição ou do julgamento dos outros, as mulheres hesitam mais que os homens na hora de explicar exatamente suas metas, quando e como pretendem alcançá-las. O resultado disso? Elas conseguem menos. Se você pedir um aumento de salário, expresse com convicção a quantia que tem em mente. Se propuser uma idéia, apresente-a claramente, assim como a melhor forma de realizá-la.

28. ***Seja positiva.*** Os líderes fortes devem ter disposição para expressar coisas difíceis de dizer – e de ouvir –, mas que precisam ser ditas. Se agirem de outra maneira, correrão o risco de se tornar coniventes com uma situação negativa para a empresa. Lembre-se de que um líder positivo combina mensagens diretas e claras com a consideração incondicional e infalível pelos outros. Se você já teve atitudes passivas, você corre o risco de confundir conduta positiva com agressividade. Tome cuidado.

29. ***Evite os extremos.*** Quando agem positivamente, mas são derrotadas, as mulheres tendem a tornar-se mais passivas. Resista à tentação de ceder diante das discordâncias. Isso não significa que você esteja errada, e sim que a outra pessoa tem um ponto de vista diferente do seu, embora talvez igualmente legítimo.
30. ***Conheça seu público.*** O que é importante para eles? De que maneira sua idéia vai ajudá-los a resolver um problema? O que você deve dar em troca daquilo que deseja? Uma boa idéia não basta – precisa servir às pessoas que você pretende influenciar. Oriente sua mensagem para demonstrar a elas que você compreende suas necessidades e conhece os meios de satisfazê-las.
31. ***Busque pontos de acordo.*** Isso significa encontrar meios de ligar suas idéias com as idéias das outras pessoas. Ouça-as com atenção e indique os pontos em que os conceitos delas coincidem com os seus. As frases que enfatizam os pontos de acordo tornam as sugestões, mesmo novas ou diferentes, menos conflitantes.
32. ***Vá direto ao assunto.*** As mulheres têm a tendência de falar bem mais que o necessário quando desejam influenciar os outros. Tentam, dessa maneira, esclarecer ao máximo seus pontos de vista – quando, na verdade, ocorre justamente o contrário. O ideal é iniciar sua mensagem com a idéia principal, aquela que você quer que os outros recordem, sobretudo se houver pouco tempo disponível para sua apresentação.
33. ***Adapte seu estilo de influência.*** Quase todos nós preferimos permanecer no estilo de influência que dominamos com mais facilidade – mesmo que isso nem sempre dê bons resultados. Os melhores líderes não se comunicam segundo o estilo preferido *deles,* e sim da maneira mais adequada às pessoas que recebem sua mensagem. Se você se apóia com freqüência no apelo emocional, procure recorrer também ao fornecimento de informações. Caso goste da apresentação de idéias inovadoras, ilustre-as com técnicas práticas de implementação. Prepare bem suas estratégias de influência.
34. ***Conclua as frases afirmativas com sugestões inclusivas.*** Ao contrário dos homens, as mulheres transitam com facilidade entre a demonstração de autoconfiança e a manifestação de consideração pelos outros. Isso não significa que elas mudem de opinião sem boas razões, mas sim que estão

abertas a diferentes pontos de vista. Você evitará julgamentos e mal-entendidos se concluir frases fortes, que expressam claramente suas idéias, com sugestões que convidem os ouvintes a dar a opinião deles.

35. ***Demonstre confiança – sempre.*** Quando eu era criança e sentia medo de alguma coisa, minha mãe me aconselhava a cantar uma canção muito conhecida na época para espantar o temor – e isso sempre dava certo. É claro que você não vai começar a cantar diante de seu interlocutor para criar coragem, mas *deve* demonstrar confiança mesmo quando estiver muito insegura.

36. ***Use estratégia em suas mensagens.*** Mesmo que você seja a pessoa mais eloqüente do mundo, é importante planejar suas mensagens com antecedência para atingir os resultados que deseja. Para isso, elabore mentalmente (ou escreva) um esboço dos pontos-chave que pretende focalizar, da estratégia mais adequada para apresentá-los e do tipo das pessoas que precisa influenciar. Lembre-se de que *a sorte favorece as mentes preparadas.*

37. ***Capitalize sua emoção e seus valores.*** As mulheres são privilegiadas pela permissão social de demonstrar toda uma gama de emoções em seus estilos de comunicação, enquanto aos homens isso é muitas vezes negado. Talvez não seja adequado revelar seu lado mais efusivo durante uma reunião importante, mas a demonstração de sentimentos fortes a respeito de um assunto decerto refletirá seu compromisso com os resultados. Além disso, o extravasamento comedido das emoções, ao contrário do esforço para ocultá-las, permite que as pessoas saibam se você está ou não de acordo com uma questão específica.

38. ***Faça apresentações formais e informais voluntárias.*** As pessoas sempre me dizem que sei falar bem em público. Isso me honra e me lisonjeia, mas o fato é que a prática faz a perfeição – ou quase. Estive diante dos microfones durante a maior parte da vida, mas quando as circunstâncias me mantêm longe deles por muito tempo fico tão ansiosa quanto na primeira vez. Se você quer realmente desenvolver sua capacidade de influência, aproveite todas as oportunidades de sair de sua zona de conforto e de falar diante de um grupo – grande ou pequeno, formal ou informal.

Capítulo 5

De torcedora a coach*: como motivar as pessoas a dar o máximo*

É possível levar as pessoas até onde elas conseguem chegar, e não até onde você gostaria que fossem.
Jeannette Rankin, a primeira mulher eleita para o Congresso americano

Você já treinou alguém se:

- Ensinou uma criança a andar de bicicleta.
- Orientou um novo colega de trabalho no exercício de suas funções.
- Incentivou um amigo, seu cônjuge ou seu parceiro a mudar de carreira.
- Preparou uma gestante para o parto.
- Instruiu uma pessoa na área em que você é especialista.

"Por trás de um grande homem há sempre uma grande mulher", diz a máxima. Onde estariam Franklin Roosevelt sem Eleanor, John Kennedy sem Jacqueline, Fred Astaire sem Ginger Rodgers, para citar apenas três exemplos? Se existe uma coisa que as mulheres sabem com perfeição é, sem dúvida, incentivar os outros. Somos estimuladoras, companheiras, conselheiras e admiradoras de nossos maridos, parentes, amigos e filhos. Sabemos, às vezes, motivar muito mais as outras pessoas que nós próprias, mas esse seria assunto para um novo livro. O fato é que, através da História, as mulheres têm assistido os outros na realização de grandes feitos – embora não chamem essa assistência de *coaching*.

COACHING: UMA PERSPECTIVA FEMININA

Para conseguir uma perspectiva feminina do *coaching*, minha colega, a doutora Karen Otazo, e eu, fizemos uma pesquisa entre mulheres que exercem essa função na área esportiva. Um dos raros esportes nos quais elas conseguem reconhecimento internacional equivalente ao dos homens é o tênis. Para descobrir o que as mulheres consideram o segredo da arte de motivar os atletas que treinam, falamos com duas figuras bem-sucedidas: Julie Anthony e Jane Albert Willens. Ambas falaram da importância de cultivar uma relação baseada na confiança para que os jogadores recebam e incorporem todo o *feedback* possível. Além disso, frisaram a necessidade de compreender e trabalhar a ansiedade mental deles, que reflete em seu desempenho.

Jane Albert Willens, que já freqüentou as quadras de Wimbledon, disse-nos que o bom *coaching* "se concentra nos pontos fortes para solidificar a auto-estima. As pessoas resistem à mudança por causa dos riscos envolvidos. Você alimenta a auto-estima delas reafirmando que seu desempenho está correto, o que as torna mais predispostas aos riscos". Jane explicou que até os bons *coaches* tendem a censurar e afastar os atletas que não "acertam" na primeira tentativa, mas o trabalho de superação do medo deles é essencial para ajudá-los – e a você – a obter sucesso. Ela sabe que o medo do fracasso faz com que as pessoas pareçam realmente *querer* falhar. O segredo de seu êxito, portanto, é a paciência com os erros cometidos e a disposição de dar *feedback* constante para corrigir esses erros.

Julie Anthony concorda com Jane e acrescenta: "O *coach* bem-sucedido leva em consideração a pressão e a ansiedade que os atletas experimentam. É preciso entender a mente deles, pois se tornam prisioneiros dos próprios pensamentos". Quando lhe perguntei o que diria aos líderes interessados nisso, ela respondeu: "Prefira ouvir em vez de falar. Ouça com atenção a experiência dos jogadores antes de dizer o que pensa ter visto. É um erro apontar suas falhas logo após uma partida ou competição. Essa é a hora de ouvir". O *coaching* esportivo será diferente do *coaching* empresarial? "O esporte é como qualquer outra atividade da vida que se exerce diante do público", afirmou Julie. "Os atletas precisam confiar no treinador a ponto de experimentar todos os desconfortos que acompanham as mudanças."

Confiança, atenção, inspiração, aprendizado – todos esses são fatores importantes para conseguir um excelente desempenho nas quadras e na vida. Os líderes podem aprender preciosas lições com seus colegas *coaches.* Apresentei, no capítulo anterior, Terry Monahan, da McKinsey & Company, e contei como ela influencia pessoas sobre as quais tem pouca ou nenhuma autoridade. Embora não atue no setor esportivo, ela precisa, da mesma forma, motivar as pessoas que trabalham em uma empresa de prestação de serviços notória pelos altos padrões de exigência, cujo organograma horizontal deixa pouco espaço para a ascensão profissional e onde a regra é fazer o impossível. Apesar de conhecê-la há quase vinte anos, nunca perguntei o que a torna tão hábil na arte da motivação. Quando o fiz, fiquei surpresa com a afinidade de filosofia existente entre nós revelada por sua resposta:

> Não seria líder se ninguém estivesse disposto a ser liderado. Trata-se, em primeiro lugar, de uma questão de confiança. Minha maneira de conquistá-la é estar atenta no momento em que as pessoas precisam de mim – em vez de me dispor a ouvi-las apenas quando tenho tempo para isso. É preciso agir de forma que demonstre consideração genuína com as pessoas, e não somente com seus problemas. Eu me preocupo com seus sentimentos tanto quanto me preocupo com a solução desses problemas. Muitos líderes temem que, expondo dessa maneira seu lado humano, os outros possam tirar vantagem deles. Isso não é verdade. A demonstração de apreço pelos seguidores e a conquista de sua confiança, para mim, requerem três atitudes importantes: aceitar o fato de que as pessoas são diferentes e têm necessidades distintas, perguntar a elas o que as motiva em vez de tentar adivinhar isso e fazer questão de comprovar que conheço seus problemas porque também conheço profundamente o ambiente e as circunstâncias que as cercam. Como fazer isso? Tomando nota de tudo o que relatam durante nossos encontros freqüentes, em vez de apenas ouvir, para que saibam (e eu também) que nada será esquecido.

As palavras de Terry são fundamentais para um bom *coach* e motivador. Sempre acreditei ser fácil conseguir que os outros façam nossa vontade se usarmos a força. O resultado disso, porém, será tão-somente o consentimento subversivo – as pessoas fazem exatamente o que pedimos, nem mais nem menos, mesmo que a situação assim o exija. Os bons líderes não desejam *submissão,* eles buscam *comprometimento.* As pessoas motivadas vão além do necessário, apóiam as decisões tomadas pelo líder e agem no melhor interesse da organização, mesmo que ninguém as observe. E a maneira ideal de conseguir tal comprometimento passa pelo bom relacionamento pessoal com os seguidores, dos quais dependemos para realizar nosso trabalho.

AS RELAÇÕES COM OS SEGUIDORES

O fato é que o sucesso do *coaching* depende inteiramente do bom relacionamento, e essa é outra faceta em que as mulheres se saem bem. Mas há um problema:

somos *tão* hábeis nisso que muitas vezes confundimos nossas responsabilidades de liderança com o desejo de manter esse bom relacionamento *a qualquer custo.*

A relação entre líder e colaborador é similar, em muitos aspectos importantes, à ligação que você tem com aqueles em que mais confia. Pense nisso. Essa confiança é dada às pessoas honestas com você, dispostas a lhe dizer coisas que talvez não *queira,* mas *precisa* ouvir, sempre prontas a defender seus interesses. A confiança nasce da lealdade delas, de seu apoio e de sua genuína consideração por você como ser humano. O mesmo vale para a relação entre líder e seguidor. A construção de um relacionamento que permita a condição de dizer coisas difíceis e ainda assim pedir o impossível é o segredo do êxito do papel de *coach* e motivador. O que não vale, contudo, é a expectativa de que seus colaboradores façam o mesmo por você. Essa reciprocidade subentendida não existe na relação entre líder e colaboradores. Eles não têm a obrigação do apoio, da lealdade nem da genuína consideração por você – pois esses são subprodutos da consolidação bem-sucedida de um relacionamento confiante, e a responsabilidade de fazer isso é *sua,* e não *deles.* Conforme disse o filósofo chinês Lao-tsé: "Se deixares de honrar as pessoas, elas também deixarão de te honrar".

Discuti certa ocasião esse conceito com os participantes de um *workshop* sobre liderança que eu conduzia. Um deles, que ficara em silêncio durante quase todo o programa, acabou por revelar sua história, que expressa com eloqüência a importância da confiança na relação entre líder e seguidor:

> Na função de gerente do departamento de manutenção de uma grande refinaria de petróleo, eu tinha uma equipe formada de homens bastante vigorosos. Um deles parecia fazer questão de me ignorar quando eu o cumprimentava. Percebi, certo dia, que estava muito abatido. Chamei-o ao escritório e perguntei o que havia de errado. Contou-me sua preocupação com a saúde da esposa, que tinha câncer e começara um tratamento de quimioterapia. Ele se emocionou muito e eu, sem saber bem o que dizer, ouvi seu desabafo em silêncio. Quanto mais ele falava, mais preocupado eu ficava em desperdiçar o dinheiro da empresa, pois estávamos ali havia quase uma hora. Mesmo assim, deixei que continuasse. Ao terminar, perguntei se podia fazer alguma coisa por ele. Respondeu que não, mas agradeceu minha atenção. Resolvi então saber por que me ignorava diariamente quando passava por ele e o cumprimentava. O homem pareceu confuso e depois perguntou de que lado eu passava. Respondi que costumava passar à sua esquerda. Ele sorriu e explicou: era surdo do ouvido esquerdo. Rimos juntos do mal-entendido, e senti que alguma coisa mudou desde aquele momento.

Alguns dias depois, pela primeira vez, ele foi ao meu escritório sem ser chamado. Contou-me ter descoberto um equipamento que estava a ponto de enguiçar. Se isso acontecesse, a companhia perderia muito dinheiro em produtividade. Meu funcionário disse então que, se eu permitisse, compraria e ajustaria uma peça que impediria a pane da máquina. Dei-lhe a permissão, é claro, mas aprendi também uma boa lição sobre a importância de tratar os indivíduos como seres humanos, e não apenas como empregados. E pensar em minha preocupação com o desperdício de dinheiro da empresa enquanto o ouvi naquele dia! Sua atitude, no entanto, evitou um prejuízo de milhares de dólares.

A narrativa desse participante proporcionou a todos uma lição muito valiosa porque se tratava de um fato real. O interesse que demonstrou por seu empregado rendeu dividendos que ele próprio não poderia imaginar. Existe um aspecto belo e básico na construção de boas relações: no momento em que mais precisarmos delas, será tarde demais para cultivá-las. Você não pode ser *coach* das pessoas sem se relacionar com elas. Se tentasse, daria apenas a impressão de explorar ainda mais seu trabalho, o que provocaria resistência até mesmo aos esforços dos melhores *coaches.* Tudo isso demonstra a relevância da construção constante e coerente de um relacionamento positivo com seus seguidores, dos quais você depende. Apresento em seguida uma lista de medidas que a ajudarão a consolidar uma boa relação:

- **Cultive conversas casuais:** ao passar pelos corredores da empresa, detenha-se na porta das salas para trocar algumas palavras breves e cordiais com seus companheiros de trabalho. Pergunte pelos familiares deles, fale sobre o filme mais recente em cartaz com uma colega apreciadora de cinema ou peça sugestões de bons restaurantes a um colaborador conhecedor da boa cozinha.
- **Conheça os sonhos das pessoas:** durante o intervalo do café ou do almoço, pergunte aos colegas, por exemplo, do que mais se orgulham entre as coisas que já fizeram ou o que esperam alcançar na vida. Pergunte sobre seus sonhos, suas metas e desejos.
- **Convide pessoas diferentes para almoçar:** mantenha a conversa em nível leve e casual e procure conhecer o lado pessoal de seus colegas, não fale só de trabalho. Revele também um pouco de seu universo individual, isto é, não tenha medo de conversar sobre temas significativos e importantes para você. Procure diversificar e ampliar sua rede de amizades, convidando pessoas com as quais possui pouco contato no dia-a-dia para almoçar.

- **Peça a opinião dos conhecedores de cada área:** se você, por exemplo, deseja comprar um carro novo e sabe que um de seus colegas é aficionado por automóveis, peça conselhos e sugestões a ele.
- **Saia com seus colegas após o expediente:** isso talvez seja difícil para as mulheres que enfrentam em casa outra jornada de trabalho cuidando das tarefas domésticas, mas vale a pena fazer um esforço extra e comparecer ao menos a alguns desses encontros. Não é preciso demorar-se muito caso disponha de pouco tempo, mas lembre-se de que esses contatos sociais tornarão você mais humana para seus colegas – e vice-versa. Tome cuidado, porém, para não beber além da conta e dizer alguma coisa da qual se arrependa.
- **Observe e comente as mudanças de comportamento:** se você notar que alguém parece abatido e se comporta de forma diferente, pergunte o que há de errado. Mesmo que a pessoa negue, vai agradecer sua atenção.
- **Seja humana:** inúmeros líderes acreditam ter uma imagem a preservar. Eles não percebem que a imagem não é, na verdade, motivo de preocupação. Deveriam, pelo contrário, agir de modo que os outros enxergassem seu lado humano. Você não é um cargo, é uma pessoa – então aja como tal. Trazendo as pessoas para perto de si e conhecendo seu mundo, com toda a certeza você se tornará uma líder mais próxima dos seus seguidores. Quanto mais aprimorar seu lado humano, melhor líder será.

Lembre-se de que o cultivo de boas relações com todos os seus colaboradores não faz necessariamente com que eles percam o respeito por sua autoridade. Todo grande técnico/treinador acredita que "disciplina rígida combinada com interesse sincero pelos atletas" é uma ótima fórmula para o sucesso da equipe. Nesse aspecto, temerosas de prejudicar o relacionamento com os colaboradores, as mulheres muitas vezes deixam de expor claramente suas expectativas e metas e depois vacilam na hora de cobrar deles os resultados planejados. Isso nos leva ao próximo tópico: a importância de demonstrar às pessoas o que se espera delas.

QUAIS SÃO AS EXPECTATIVAS?

Acredite se quiser: a maioria das pessoas não tem a intenção de infernizar sua vida. Sei que às vezes *parece* ser assim, mas esse é quase sempre o resultado de certas falhas de comunicação sobre expectativas e de alguns mal-entendidos relativos a necessidades mútuas. Acredito que se as pessoas soubessem mais fariam melhor.

É importante ressaltar que situações como a falta de percepção dos líderes, os rótulos que impõem aos outros e sua visão equivocada se tornam obstáculos ao desenvolvimento dos melhores potenciais de seus seguidores. Os bons *coaches* evitam isso estabelecendo e articulando com clareza suas expectativas de excelência – eles o fazem em todas as oportunidades, e não apenas em ocasiões específicas.

Fiz recentemente uma série de palestras sobre liderança para a alta administração da Sony Pictures Television. Antes de dar início ao programa, pedi a uma das organizadoras que me indicasse o nome de uma das melhores líderes femininas da empresa. Ela mencionou Flory Bramnick, vice-presidente de vendas e distribuição de TV a cabo na Costa Oeste dos Estados Unidos. Para minha sorte, Flory assistiria às palestras. Assim, observando-a antes, durante e depois de minhas apresentações, entendi por que todos a consideravam uma boa líder. Era equilibrada e autoconfiante, mas ao mesmo tempo humilde e despretensiosa. Perguntei-lhe os motivos, segundo sua opinião, do bom conceito que tinha entre os executivos da Sony. Eis sua resposta:

> Para ser uma líder eficiente, a mulher precisa esquecer o fato de que é mulher. Digo isso porque liderança significa a ação de unir as pessoas, e não a geração de distinções entre elas. Trata-se dos outros, e não de você. Não há diploma de liderança, essa é uma competência que se aprende todos os dias. Você aprende, entre outras coisas, que não é tão importante ser a pessoa mais inteligente do departamento nem ter sempre a resposta certa na ponta da língua. Importante é criar um objetivo absolutamente claro para você, causador de um entusiasmo capaz de atrair as pessoas e torná-las suas seguidoras. Por isso seus valores, suas metas e suas ações precisam ser coerentes. Se conseguir chegar a esse nível, você poderá dedicar-se à tarefa de ouvir as pessoas, conhecer suas necessidades e motivá-las de verdade. Embora seja possível liderar pela força de sua posição e dar ordens que terão de ser cumpridas, você deve levar em consideração os sentimentos de seus colaboradores com relação a suas diretrizes, além de avaliar se elas são ou não coerentes com as necessidades deles. Minha função como líder é gerar comprometimento com nossas metas, tendo como base valores compartilhados que procuro reforçar todos os dias. Qualquer coisa menor que isso será inaceitável.

Em seu depoimento, Flory destaca alguns aspectos sobre liderança e motivação que eu gostaria de enfatizar:

- Trata-se dos outros, e não de você.

- Seus valores, suas metas e suas ações precisam ser coerentes.
- Você deve sentir entusiasmo pelo que faz se quiser que os outros a sigam.
- É essencial encontrar formas de assegurar a satisfação das necessidades dos outros se você quiser o comprometimento deles com suas diretrizes.
- Não é possível aceitar menos que o compromisso pleno com as metas da empresa.

A experiência ensinou-me que as pessoas geralmente não precisam de orientação nas áreas em que têm competência técnica. Caso contrário, seria melhor encaminhá-las para treinamento em vez de *coaching.* Muita gente fracassa porque deixa de seguir uma ou várias normas estabelecidas pela cultura de sua organização. Em outras palavras, toda empresa tem suas regras de sucesso. Algumas delas são:

- Integração total ao trabalho de equipe
- Conduta pautada na ética
- Comunicação aberta
- Disposição para assumir riscos
- Moderação
- Competitividade
- Flexibilidade
- Colaboração nos projetos importantes
- Disposição para exceder os próprios limites
- Cordialidade e companheirismo
- Planejamento e organização eficientes do trabalho.

Quais são *seus* padrões de sucesso? Escreva-os, fale sobre eles com as pessoas, explique como pretende mensurá-los. Isso requer a habilidade de transformar esses padrões em comportamentos *observáveis.* Acompanhe, por exemplo, o desempenho de um de seus colaboradores, que você considera dedicado ao trabalho de equipe, ao longo do dia. Se ele agir de acordo com suas expectativas, o que você poderá observar? Verá que ele conclui sua tarefa e se dispõe a ajudar os colegas, participa ativamente das reuniões da equipe mesmo quando o assunto não focaliza sua área de competência e divulga livros e revistas que apresentam temas de interesse geral. Esses são comportamentos específicos e mensuráveis que você pode usar para avaliar o cumprimento de suas expectativas.

Uma líder competente procura colocar-se no lugar dos colaboradores cujo desempenho não é satisfatório e presume que eles não *sabem* como fazer melhor o que precisa ser feito. As mulheres são muito hábeis nisso. Digo sempre a meus clientes – homens e mulheres – que devemos, em primeiro lugar, olhar para *nós mesmos* quando lidarmos com alguém que não consegue atingir as metas estabelecidas. Qual foi nossa falha na explicação (que deveria ter sido clara) de metas, expectativas ou padrões de avaliação? Uma vez respondida essa pergunta, é hora de tomar medidas para corrigir o impasse.

A REGRA 7:1 – SETE ELOGIOS PARA CADA CRÍTICA

Falamos até agora sobre a construção de boas relações e o estabelecimento claro de expectativas. Mas diga-me: você surpreende as pessoas no momento em que executam corretamente suas tarefas e reforça ao vivo esse comportamento? A regra *7:1* diz que é preciso dar às pessoas sete menções de *feedback* positivo para uma única menção de *feedback* comportamental, ou negativo – e apenas uma menção positiva deve ser dada de cada vez. O *feedback* positivo, além disso, tem de surgir o mais próximo possível do momento em que se manifesta o comportamento a ser reforçado. Ele apresenta também três características básicas: é genuíno, é específico e livre de crítica implícita. Embora o sentido das duas primeiras seja evidente, as pessoas perguntam com freqüência o que significa *crítica implícita.* A melhor definição que já ouvi dessa expressão veio de uma das participantes de um *workshop* que conduzi. Ela disse: "É o que minha sogra afirma quando vem jantar em casa: 'A sopa está deliciosa. Você finalmente aprendeu a cozinhar!'". A primeira parte da mensagem seria perfeita se não tivesse sido ofuscada pela ironia do comentário que se seguiu.

Lembro-me de uma conversa que tive com uma cliente sobre a regra 7:1. Ela estranhou o fato de ter de elogiar as pessoas quando estas fazem o que é sua *obrigação.* Perguntei então: "Você ouve elogios do contracheque quando recebe seu salário?". É claro que não. Por esse motivo, acho difícil entender por que tantos líderes relutam em fazer elogios bem merecidos, já que o reforço positivo aumenta a probabilidade de que o comportamento esperado se repita no futuro. Os psicólogos chamam os efeitos da regra 7:1 de *reforço positivo intermitente*: quando empregado de forma correta e coerente, favorece a continuidade dos comportamentos adequados.

Uma pesquisa sobre trabalho perguntou a um grupo de administradores o que, em sua opinião, mais motivava seu pessoal. A resposta foi: "Dinheiro". A mesma pergunta foi então feita aos empregados. A resposta deles: "Reconhecimento". Alguns líderes pensam que isso significa que terão de agradar e até mimar seus colaboradores. Nada mais falso. Uma palavra ou um comentário gentil após uma tarefa bem-feita ou uma mudança positiva de comportamento vai garantir a continuidade do bom desempenho. Quero dizer com isso que cinco minutos de seu tempo que são dedicados ao reconhecimento dos esforços dos outros poderão render boas recompensas em longo prazo. A demonstração de apreço pelo trabalho das pessoas não requer grande dispêndio de tempo nem precisa ser repetida diariamente. Se for assim, a reação poderá ser de desconfiança, pois a mensagem soará falsa e sem sentido.

É muito fácil, por outro lado, reforçar sem querer um comportamento incorreto se o elogio não for dito com clareza. Você diz a um colaborador, por exemplo, que ele fez um ótimo trabalho no relatório da empresa *X*. Embora lisonjeado, o funcionário fica sem saber o motivo específico do elogio. Você pode também dizer: "Seu relatório sobre a pesquisa de mercado da empresa *X* está excelente, muito melhor que o relatório anterior". O problema agora é a crítica implícita que obscurece a mensagem. O elogio ideal deve ser direto, claro e honesto: "Leonardo, você fez um grande trabalho com o plano trienal da empresa *X*. Os clientes estão satisfeitos com a especificidade dele e eu fiquei impressionada com a pesquisa, que conseguiu dar a solidez necessária ao projeto". Não permita que seus colaboradores falem de você usando uma frase que já ouvimos tantas vezes: "É impossível agradá-la".

Seu objetivo final é que as pessoas façam o que se espera delas – indefinidamente? Os efeitos do reforço positivo intermitente, adotado pela regra 7:1, garantem isso. Esse método não lhe custará nada, mas poderá pagar enormes dividendos. Ele permite também que os seguidores saibam que você nota os acertos deles, e não apenas seus erros. Se fizer sete menções de *feedback* positivo por uma menção de *feedback* comportamental, você vai reduzir as chances de ser considerada crítica demais por seus colaboradores. Quando pergunto aos administradores que proporção de *feedback* costumam adotar com seus funcionários, eles riem e respondem: *Nenhuma!* Tenho observado que as mulheres aplicam a regra 7:1 com muito mais facilidade que os homens. Elas intuitivamente conhecem o valor do reforço positivo e o usam em seu favor.

COACHING NA MEDIDA CERTA

Agora – e somente agora – você está pronta para exercer a função de *coach*. Já investiu seu tempo na construção de bons relacionamentos. Já foi bastante clara a respeito de suas expectativas. As pessoas não a consideram crítica demais porque você adota a regra 7:1. Além disso, certamente não vai concentrar-se no aspecto negativo do modelo comportamental que apresento adiante, neste mesmo capítulo. As mulheres são, quase sempre, mais sensíveis às críticas que os homens e talvez por isso não façam uso delas tanto quanto deveriam. Essa característica será bem útil na aplicação do modelo de *coaching* que desenvolvi. Não acredito em críticas para moldar um comportamento adequado. Você sabe que elas não dão resultado com seus filhos nem com seu marido, então por que seriam eficazes com seus colaboradores?

De acordo com pesquisas que realizei, considero o ambiente de trabalho um verdadeiro campo de futebol. Possui linhas ou limites, regras e estratégias que todos devem respeitar para vencer a partida. O *feedback* serve justamente para trazer de volta aos limites aqueles que ultrapassam as linhas do campo. Essas pessoas não estão *erradas,* apenas não fazem o *suficiente* ou fazem *demais.* Examine o modelo apresentado na próxima página. Ele descreve uma forma de você se preparar para uma sessão de *coaching* com uma pessoa que não corresponde a suas expectativas.

COMPORTAMENTO NO CAMPO DE FUTEBOL:
ORGANIZAÇÃO E PLANEJAMENTO

Fora dos limites (para mais)	Nos limites (ações adequadas)	Fora dos limites (para menos)
Perde de vista metas e objetivos. É tão flexível que talvez não atinja em tempo os objetivos. Tem uma visão geral do projeto sem considerar implicações específicas nem práticas.	Estabelece metas claras levando em conta as necessidades dos outros. É flexível, mas não perde de vista os prazos nem as prioridades. Cuida tanto dos aspectos gerais quanto dos detalhes do projeto. Estabelece prioridades e tem senso de urgência. Treina *back-ups* (planos de apoio).	Falha no estabelecimento de metas diárias, semanais e de longo prazo. Não prepara nenhum tipo de *back-up* para situações de emergência. Não antecipa riscos nem problemas potenciais.

Táticas de aperfeiçoamento de organização e planejamento

- Faça uma lista das tarefas diárias e ponha em destaque datas e prazos importantes.
- Peça aos membros da equipe que estabeleçam prioridades e que sugiram idéias alternativas.
- Reserve tempo para a execução de tarefas essenciais, que não podem ser interrompidas.

- Organize sua mesa e seu escritório.
- Tenha sempre um caderno à mão para anotar boas idéias e sugestões.
- Tome aulas sobre administração do tempo e use o material adequado para ajudar você a poupar tempo.

Você deve ter notado que em nenhum momento esse modelo indica que a pessoa agiu de forma errada. Mostra apenas que ela está fora dos limites do campo específico de seu ambiente de trabalho – e precisa ser trazida de volta. Existe outra maneira de fazer essa avaliação, igualmente aceitável e eficiente, que não usa analogias com o esporte. Pense no que deseja que seus seguidores continuem a fazer, no que precisam fazer mais e no que devem fazer menos. Organize tudo em forma de tabela e terá um modelo de avaliação de desempenho semelhante ao anterior:

MODELO DE *FEEDBACK* COMPORTAMENTAL

Continue	Faça mais isto	Faça menos isto
• Sendo flexível. • Usando a criatividade e o pensamento lógico. • Compreendendo os conceitos e as conexões entre as idéias.	• Estabeleça metas diárias, semanais e de longo prazo mais realistas. • Prepare mais *back-ups* para situações de emergência. • Equilibre melhor o planejamento e o pensamento estratégico com o desenvolvimento e a execução prática das estratégias.	• Não se detenha tanto na análise das situações. • Não sacrifique a realização dos objetivos em favor da busca de perfeição.

A remoção do conceito "certo" ou "errado" do modelo torna menos provável o aparecimento de comportamentos extremos em resposta ao *coaching*. Quando disseram a uma de minhas funcionárias, por exemplo, que andava agressiva demais nas reuniões, ela optou pelo extremo oposto e passou a não dizer absolutamente nada. Em outro caso, um empregado, acusado de não trabalhar tanto quanto deveria, começou de repente a chegar bem cedo ao escritório e só voltava para casa muito depois do final do expediente, quando todos já haviam saído. Apesar de tantas horas extras, no entanto, o trabalho dele não dava os resultados desejados pela líder, que não foi bastante específica na explicação de suas expectativas. Isso acontece quando você rotula seus colaboradores e não revela com a clareza necessária o que espera deles, deixando-os por conta própria. Na tentativa de adivinhar o que seria um "comportamento adequado", muitas vezes eles manifestam atitudes extremas no esforço de mudar ou de acertar. Para que as pessoas adotem novos comportamentos com eficiência, é preciso antes identificar os limites de suas funções. Só depois disso poderão seguir, com sucesso, quaisquer sugestões concretas para uma mudança real e produtiva de comportamento.

Admito que o mundo seria realmente um lugar enfadonho para viver se ninguém ultrapassasse os limites. Quase todos, de fato, fazem isso de vez em quando. Em uma partida de futebol, por exemplo, quando a bola ultrapassa as linhas do campo porque um dos jogadores fez um passe errado, o treinador não usa essa falha como uma oportunidade de puni-lo. Talvez até o aplauda pela coragem de correr riscos para marcar um gol. O bom *coach* acusa as falhas *durante os treinos* para incentivar novos e melhores comportamentos. Nenhuma carreira, afinal, é ameaçada por alguns lances errados. Os jogadores precisam, sobretudo, de mais vitórias que derrotas para permanecer na equipe e não podem sair dos limites com demasiada freqüência, mas o treinador aproveita erros e falhas como oportunidades de orientação.

No mundo corporativo, porém, os líderes são muito menos complacentes. Quando os empregados ultrapassam os limites, raramente encontram o tipo de orientação que os atletas recebem no mundo dos esportes. Os líderes, ao exercer a função de *coaches,* encontram enorme dificuldade de traduzir o que percebem em termos de erro para sugestões orientadoras capazes de melhorar o desempenho de seus colaboradores. Estes correm, portanto, o risco de repetir indefinidamente os mesmos erros sem saber que estão equivocados e sem ter noção do que fazer para corrigir a situação.

Se você já pôs em prática todas as sugestões dadas neste livro até agora, não terá tanta dificuldade de manter uma sessão de *coaching.* Quando as pessoas confiam em você e sabem que sempre defende os interesses delas, ficam mais abertas ao que tem a dizer e não encaram suas palavras como punição, e sim como uma forma positiva de desenvolvê-las e prepará-las para novas oportunidades. Uma sessão de *coaching* compõe-se de três partes essenciais:

- **Que** comportamentos são inaceitáveis.
- **Por que** a mudança de comportamento beneficia o colaborador.
- **Como** o novo comportamento pode ser alcançado.

Vejamos agora a maneira pela qual cada um desses elementos aparece em uma conversação mais abrangente.

QUE COMPORTAMENTOS SÃO INACEITÁVEIS

Líder: Gostaria de conversar com você porque estou preocupada com seu relacionamento com os clientes e com os colegas de trabalho. Tenho notado algumas atitudes que prejudicam sua capacidade de servir nossos clientes com todo o potencial que você tem.

Colaborador: Você deve estar brincando. Sou seu melhor funcionário.

Líder: Tecnicamente sim. Admiro sua capacidade de avaliar e solucionar problemas. Quando se trata, porém, de desenvolver com as pessoas o tipo de relação que as conquista e aperfeiçoa o trabalho de todos, há alguns aspectos que requerem sua atenção.

Colaborador: Não estou aqui para vencer nenhum concurso de popularidade. Quero apenas fazer bem meu trabalho. Se alguém se queixa, é porque não consegue entender a lógica do sistema e põe a culpa em mim. O que posso fazer se as pessoas são tão limitadas?

Líder: Para falar a verdade, você está agindo agora comigo da mesma maneira que age com nossos clientes. Tento dizer-lhe alguma coisa, mas você não me ouve porque está muito ocupado defendendo a si mesmo e destratando os outros. Sinto-me como se estivesse falando sozinha. Se eu me sinto assim apesar de termos um *bom* relacionamento, você pode imaginar como nossos clientes se sentem?

Colaborador: Fale, estou ouvindo agora.

POR QUE A MUDANÇA DE COMPORTAMENTO BENEFICIA O COLABORADOR

Líder: Você é jovem e tem toda uma carreira pela frente. A capacidade de criar boas relações profissionais não apenas será valiosa no presente como também por toda a sua vida. Se observar nossa empresa com atenção, verá que não só as pessoas tecnicamente competentes são promovidas. Eu lamentaria ver seu desempenho prejudicado pela falta de habilidade de relacionamento mais ampla.

COMO O NOVO COMPORTAMENTO PODE SER ALCANÇADO

Líder: Vamos identificar algumas coisas específicas que você pode começar a fazer a partir de hoje. Como não sou exatamente uma especialista em todos esses assuntos, gostaria de ouvir sua opinião sobre o melhor modo de agir.

Colaborador: Bom, para começar, acho que não seria tão difícil manter minha boca fechada, falar menos e ouvir mais.

Líder: A arte de ouvir não é tão fácil quanto parece. Já fiz até um curso para aprender a ouvir ativamente as pessoas. Você estaria interessado?

Colaborador: Sem dúvida.

Líder: Tudo bem. Verifique então no RH a data de início do próximo curso. Uma boa medida também é perguntar se os outros se sentem ouvidos quando falam com você. Escolha pessoas de sua confiança para essa conversa. A prova não está no que *você* sente, e sim no que elas sentem. Pense em uma forma de reduzir o jargão profissional que usa para não confundir os clientes.

Colaborador: Isso será um pouco mais difícil. Não sei muito bem como corrigir esse hábito.

Líder: Posso dar algumas sugestões?

Colaborador: Sim, por favor.

Líder: Alguém certa vez me aconselhou a explicar as coisas como se falasse com meu filho de 10 anos. Escolha termos simples e, caso a pessoa demonstre entender com rapidez o assunto, use frases um pouco mais sofisticadas. Se combinar essa atitude com a habilidade de saber ouvir, você perceberá facilmente se as pessoas compreendem ou não o que diz.

Colaborador: Vale a pena tentar.

Líder: Isso é tudo o que peço. Falemos agora sobre algumas formas de melhorar seu relacionamento com as pessoas. O que você acha que pode mudar nesse aspecto?

Colaborador: Minha esposa sempre se queixa disso também. Diz que me envolvo tanto com minhas atividades profissionais, mesmo quando estou em casa, que não tenho tempo para ela. O problema é que raramente gosto de jogar conversa fora.

Líder: A consciência da necessidade de mudar já é um bom começo. Você costuma almoçar com freqüência na companhia de seus colegas?

Colaborador: Eu geralmente trabalho na hora do almoço.

Líder: Aprecio sua dedicação, mas o convívio social com as pessoas o ajudará a conhecê-las melhor. Alguns de seus colegas gostariam de pedir ajuda em certos projetos, mas têm receio de se aproximar porque você está sempre muito ocupado ou parece distante e desinteressado. Reserve algum tempo, todos os dias, para conversar informalmente com eles e conhecê-los melhor. Pergunte a Dora, por exemplo, como vai o time de vôlei do qual faz parte ou comente com Francisco como ele está bem desde que começou a fazer dieta.

Colaborador: Eu nem sequer notei que ele perdeu peso.

Líder: Entendeu agora o que quero dizer? Você é tão ocupado que não enxerga de fato as pessoas. A idéia é formar uma rede de relações humanas que ajude a executar em tempo todas as tarefas. Acho que, se trabalhar os três aspectos que discutimos – aprender a ouvir, explicar as coisas com simplicidade e desenvolver melhor seu relacionamento com os outros –, você conseguirá um novo comportamento e um novo ambiente de trabalho. Não esqueça que estou aqui para ajudar no que for possível e lhe dar todo o *feedback* necessário. Tenho muita consideração por você e quero que seja bem-sucedido. Posso contar com seu comprometimento?

Colaborador: Com certeza.

Líder: Ótimo! Que acha de marcarmos outra conversa para daqui a duas semanas para avaliar seus progressos?

Colaborador: Que tal durante o almoço?

Líder: Você aprende depressa!

A líder do exemplo, na verdade, deixou bem claro o comportamento que esperava do colaborador. Soube ouvi-lo, mostrou consideração pela pessoa dele e dividiu sua mensagem em diversos segmentos bem compreensíveis. Aproveitou, no próprio momento, a atitude do colaborador como oportunidade de aprendizado quando lhe disse: "Eu me sinto como se estivesse falando sozinha". Terá agora de continuar observando o rapaz em sua tentativa de mudar de comportamento e de reforçar cada atitude positiva com elogios orais ou escritos.

As vantagens de preparar com antecedência uma sessão de *coaching* são, quase sempre, inteiramente ignoradas, mas teriam impacto significativo sobre os resultados se fossem bem aplicadas. Sem a devida preparação, você corre o risco de se desviar do tema central por causa de eventuais comentários do seguidor ou de ficar insegura na hora de formular sua mensagem. A preparação prévia confere uma sensação de confiança. Se for necessário, faça um ensaio com uma amiga ou com seu marido e peça opiniões sobre seu "desempenho". Durante a sessão, demonstre, sobretudo, sua consideração pelo colaborador. Conforme disse uma cliente durante a realização de um *workshop* sobre *coaching*: "Seja severa com o problema, mas gentil com a pessoa".

QUANDO O *COACHING* NÃO DÁ RESULTADO

Muita gente me pergunta se o *coaching* dá mesmo certo – e eu digo que depende do sentido da palavra *certo*. Se a verdadeira questão for: "O *coaching* me permite conseguir que a pessoa faça o que eu quero da maneira como quero?", a resposta será *não*. Esse não é o propósito do *coaching*, cujo objetivo é ajudar as pessoas a identificar seus pontos fortes e a desenvolver comportamentos que lhes permitam cumprir seus deveres e suas responsabilidades de forma aceitável – e não necessariamente como *você* faria.

Há, por outro lado, um comentário exemplar feito pelo antigo treinador de futebol americano Bill Walsh. Ele dizia: "em qualquer tipo de equipe, encontramos sempre um ou dois grandes astros que quase não necessitam de aconselhamento. Um pouco de reforço positivo e orientação de vez em quando é o bastante para que mantenham o costumeiro nível de excelência. Deparamos, em seguida, com mais um ou dois jogadores que, graças a sugestões dirigidas regularmente a alguns aspectos específicos, talvez cheguem ao nível dos grandes astros. Achamos também, no meio da equipe, três ou quatro elementos que jamais se tornarão craques extraordinários, mas poderão, com treinamento constante, converter-se em bons jogadores de apoio. São estes últimos que requerem mais dedicação e energia dos *coaches*. Finalmente há ainda na equipe uma ou duas pessoas incapazes de corresponder a nossos esforços, por mais que nos empenhemos em melhorar seu desempenho. Acredito que, se você fizer seu trabalho de *coaching* de boa-fé, a decisão final de eliminar um dos participantes da equipe também será tomada de boa-fé. Chamo esse processo de 'decisão diante do espelho'. Se puder olhar seu rosto no espelho na manhã seguinte ao dia em que dispensou o atleta, esse será um sinal provável de que você deu a ele todas as chances possíveis, que infelizmente não foram aproveitadas".

Isso nos conduz à parte mais difícil da profissão: a hora de dizer aos colaboradores que seu desempenho não atingiu os padrões mínimos da empresa e por isso devem partir em busca de um novo trabalho. A experiência de mais de duas décadas na área de recursos humanos ensinou-me que, se você está totalmente frustrada com um funcionário e pensa em desistir de ajudá-lo, é normal que ele sinta a mesma coisa, embora não saiba o que fazer. Nesse ponto, a tarefa do *coach* se expande, vai além do desenvolvimento de desempenho e alcança o nível de orientação de carreira. Essa missão também se revelará difícil se você não consolidar um relacionamento de confiança com seus colaboradores.

Esse tipo de *coaching* pode e deve ser feito com extremo respeito e consideração, mas cabe à outra pessoa, em última análise, encontrar uma solução. Quando a verdade prevalece, quase sempre há uma sensação de alívio vinda de ambas as partes. Se você fizer seu trabalho com toda a consciência, a demissão tampouco será uma surpresa para o colaborador. Não acredito que as pessoas fracassem por falta de inteligência nem de capacidade – elas falham porque não fazem o que gostam ou porque seus valores não se alinham com os valores do líder ou da empresa. Por essa razão, é muito importante que, ao longo do processo de orientação de carreira, a discussão não se concentre na identificação de culpas, e sim no propósito de ajudar a pessoa a encontrar uma situação mais adequada a seus talentos e interesses. Apresento em seguida um exemplo de como poderia transcorrer uma conversa desse tipo:

Líder: Gostaria de conversar com você sobre seu desempenho. Nós trabalhamos juntas, no ano passado, para atingir algumas metas específicas, mas estou frustrada porque você não tem agido conforme combinamos. Não sei o que mais posso fazer para ajudá-la. O que você pode me dizer sobre essa situação?

Colaboradora: Eu tentei e me esforcei de verdade, mas não consigo fazer as coisas da maneira que me pediu. Sinto-me como se fosse outra pessoa.

Líder: Até compreendo isso. Você tem muitas qualidades que valorizo, mas isso não basta para garantir sucesso no longo prazo. Para ser bem-sucedida nesta empresa, você deve, na verdade, mostrar-se mais versátil. Acredito em suas dificuldades, mas se não quer mudar terá de encontrar uma posição que lhe permita permanecer em sua zona de conforto.

Colaboradora: Você está me demitindo?

Líder: Estou dizendo que você não cumpriu as metas que estabelecemos juntas, com as quais se comprometeu e pelas quais trabalhamos durante mais de um ano. Chegou, portanto, o momento de discutir sua transição para o próximo emprego. Sei que você está tão frustrada quanto eu e desejo ajudá-la a encontrar uma posição que a faça mais feliz.

Colaboradora: E o que isso significa?

Líder: Significa que devemos estipular, de comum acordo, uma data razoável para marcar sua demissão e conversar sobre a melhor maneira de ajudá-la a encontrar outro emprego.

Colaboradora: Eu não tinha percebido que o problema era tão sério.

Líder: Não sei por que você não entendeu as pistas que lhe dei. Fui direta e honesta em todos os passos do caminho que percorremos até agora. Fizemos até um plano de *coaching*, mas as duas últimas avaliações mostraram que seu desempenho continua abaixo da média. Quero agora que tire o restante do dia de folga e volte amanhã preparada para discutir o que realmente gostaria de fazer. Se tiver um currículo profissional, traga-o. Eu o passarei a um amigo que é consultor de carreira para que ele a oriente sobre a melhor maneira de apresentá-lo quando se candidatar a um novo emprego. Poderei também dispensá-la sempre que tiver entrevistas marcadas sem prejuízo de seu salário. Quero mesmo ajudá-la. Sei que o mercado de trabalho está difícil e me disponho a mantê-la na folha de pagamento por dois meses ou até que encontre outro emprego. Você terá, porém, de cumprir determinadas metas e de trabalhar com profissionalismo.

Atitudes que permitem soluções conciliatórias para uma situação tão constrangedora são essenciais não apenas para os empregados como também para o líder e a empresa. Se tratar seus colaboradores com justiça, dignidade e respeito, você reduzirá os riscos de conseqüências desagradáveis e de processos trabalhistas.

Quero encerrar este capítulo com um questionário que poderá ajudá-la a avaliar sua capacidade atual como *coach*. Se você for bastante corajosa, poderá pedir a seus colaboradores que o completem e o devolvam anonimamente. Terá, assim, o ponto de vista deles também. Se fizer algumas adaptações, será possível usar o questionário com seus filhos, alunos, parentes ou outras pessoas sobre as quais tenha responsabilidade.

QUESTIONÁRIO DE AVALIAÇÃO DE *COACHING*

1 = quase sempre
2 = muitas vezes
3 = algumas vezes
4 = raramente

Com que freqüência você:

1. ______ Informa as pessoas, regular e informalmente, sobre seu desempenho?
2. ______ Dá às pessoas *feedback* imediato (negativo e positivo)?
3. ______ Reserva algum tempo para observar os comportamentos específicos de seus colaboradores, que favorecem ou prejudicam a competência deles?
4. ______ Aponta com exatidão os comportamentos que exigem mudança e descreve claramente os novos comportamentos?
5. ______ Procura conhecer os sonhos e os interesses de seus colaboradores?
6. ______ Conversa informalmente com seus colaboradores?
7. ______ Procura acompanhar a vida pessoal de seus colaboradores para compreender o impacto que as circunstâncias exercem sobre seu desempenho profissional?

8. ______ Promove confrontos entre seus colaboradores para discutir comportamentos que você julga inadequados ou contraproducentes? Você se sente bem com isso?
9. ______ Procura saber o que mais causa orgulho a cada um de seus colaboradores?
10. ______ Consolida relações individuais com seus colaboradores?
11. ______ Esclarece os pontos fortes e as fraquezas de seus colaboradores para que possam percebê-los e trabalhá-los?
12. ______ Conversa individualmente com seus colaboradores e ouve com atenção quando falam dos sentimentos, das idéias e das preocupações deles?
13. ______ Ajuda seus colaboradores a aperfeiçoar os pontos fortes e a superar ou reduzir as fraquezas?
14. ______ Está disposta a ouvir com imparcialidade os problemas pessoais de seus colaboradores?
15. ______ Tem certeza de que seus colaboradores acreditam que você defende sempre os interesses deles?
16. ______ Procura adaptar seu estilo de *coaching* às habilidades específicas e às necessidades dos indivíduos?
17. ______ Está disposta a formar equipes fortes com recursos complementares?
18. ______ Estabelece metas realistas tanto para as pessoas quanto para a equipe?
19. ______ Incentiva os colaboradores a assumir responsabilidades pessoais e coletivas pelo cumprimento integral de cada tarefa ou projeto?
20. ______ Delega poderes sem tentar controlar o processo?

Agora, some os pontos e chegue ao total obtido. Quanto menor for o número de pontos, melhor será seu resultado nesse tipo de avaliação.

Se seu resultado foi de...

20-30: **Você apresenta alto nível de *coaching*.** Seu trabalho é excelente, pois você sabe situar com precisão as pessoas, incentivar o aperfeiçoamento dos colaboradores e construir o tipo de rede de relações que favorece o sucesso de sua liderança e de sua equipe. Você não só conhece e compreende os pontos que destaco neste livro como também poderia ter sido a autora de alguns capítulos. Continue a fazer esse bom trabalho!

31-55: **Você apresenta nível médio de *coaching*.** Algumas vezes você dá aos colaboradores o tipo de orientação que eles esperam e precisam, mas costuma hesitar na hora de examinar profundamente e resolver as questões mais difíceis e as preocupações de seu pessoal. Relaxe e procure conhecer melhor sua equipe, deixe que todos a conheçam também. Não tenha medo de exagerar em sua tentativa de aproximação, as pessoas demonstrarão isso se for o caso. Quando se trata de consideração pessoal, é melhor pecar por excesso do que por omissão.

56-80: **Você apresenta nível insuficiente de *coaching*.** Sua estratégia está equivocada. Pare de *fazer* tanto e trate de simplesmente *ser*. Liderança genuína requer a capacidade de conhecer as pessoas que trabalham para você muito além do nível superficial. A tarefa de desenvolver os seguidores faz parte de suas funções de líder. Enquanto não for capaz disso, você poderá apenas administrar, mas não liderar.

Sugestões para atuar como coach

39. ***Estabeleça relações de confiança com os membros de sua equipe.*** A confiança forma a base do *coaching*. Sem ela, as tentativas de *feedback* serão consideradas apenas críticas ou exploração do trabalho dos colaboradores. Se você demonstrar consideração pelas pessoas, ouvir atentamente o que têm a dizer e souber o que é importante para elas, sem dúvida estará no caminho certo para conquistar a confiança delas.

40. ***Ponha em prática a regra 7:1 – sete menções de* feedback *positivo para uma menção de* feedback *comportamental.*** Quando os seguidores fizerem um bom trabalho, demonstre claramente, com detalhes, que você apreciou seu desempenho. Não subestime as pequenas tarefas – as pessoas também precisam executá-las de forma correta. Tenha em mente as três características do reforço positivo: deve ser genuíno, específico e estar livre de críticas implícitas.

41. ***Estabeleça e comunique suas expectativas com clareza.*** As pessoas não são adivinhas e *não querem* falhar. Pense no conceito de que *se elas souberem mais farão melhor* e oriente-as para que o desempenho delas atenda às expectativas.

42. ***Avalie desempenhos e comportamentos inaceitáveis com termos neutros.*** Evite o uso de expressões como *preguiçoso, individualista, desorganizado* ou *indiferente.* Em vez disso, descreva calmamente os comportamentos indesejáveis e esclareça o que cada colaborador tem feito além ou aquém dos limites e das expectativas. Descreva em seguida como devem ser os novos comportamentos.

43. ***Exija mais dos seguidores.*** A experiência demonstra que as pessoas gostam de ser estimuladas a ultrapassar os próprios limites, embora muitos líderes prefiram erroneamente deixá-las em sua zona de conforto. Os líderes conscientes, contudo, sabem que seus seguidores precisam ser desafiados se quiserem mantê-los competitivos, motivados e necessários para a empresa e a equipe em que trabalham. Uma ótima forma de aprimorar a capacidade de um colaborador é a delegação de uma das responsabilidades do líder. Lembre-se, porém: *o que era de sua responsabilidade antes da delegação continua a ser de sua responsabilidade após a delegação.* Não deixe, nessas circunstâncias, de observar, de oferecer *feedback* nem de reorientar seus colaboradores.

44. ***Diferencie* coaching *de disciplina.*** Quando exercido adequadamente, o *coaching* elimina a necessidade da aplicação de medidas disciplinares – exceto em circunstâncias muito graves. Os *coaches* coerentes e competentes sabem atuar com tranqüilidade e ajudar seus colaboradores a evoluir sempre sem a imposição de disciplinas rígidas.

45. ***Prepare suas sessões de* coaching.** Um pouco de planejamento aumenta a eficiência dessas sessões. Todas elas devem conter a seguinte descrição: *que* comportamentos são inaceitáveis, *por que* a mudança de comportamento beneficia os colaboradores e *como* incorporar com sucesso os novos comportamentos.

46. ***Use as avaliações de desempenho como introdução ao* coaching.** Um dos maiores erros cometidos pelos líderes é fazer uma avaliação que contenha menções de *feedback* negativo desconhecidas do colaborador. Você pode evitar isso completando o formulário de avaliação da empresa e usando-o para destacar os pontos importantes durante a sessão de *coaching.* Reafirme, porém, aos membros da equipe que sua intenção é apenas esclarecer os pontos fortes de cada um e os aspectos que precisam de desenvolvimento.

47. ***Ajude os colaboradores que não se encaixam em sua posição a encontrar outra função ou outro emprego.*** As pessoas não fracassam por falta de inteligência nem por preguiça. Elas falham porque não se alinham com suas funções ou não assimilam a situação. Possuem, quase sempre, habili-

dades que não estão sendo bem utilizadas. A permanência de pessoas insatisfeitas pode gerar problemas que afetam toda a equipe. Ajude-as a identificar a função que gostariam de exercer e, caso necessário, auxilie-as a deixar a empresa com dignidade.

48. ***Aprimore suas habilidades de* coaching.** Essa função, como todas as demais, pode ser aprendida, e sua prática confere confiança e competência. Comece fazendo uma avaliação honesta de suas habilidades e consultando a opinião das pessoas envolvidas no processo. Aperfeiçoe seus conhecimentos da área freqüentando *workshops*, lendo bons livros e pondo em prática as habilidades descritas neste capítulo.

49. ***Mantenha-se no foco.*** Não se esqueça de que indiferente do grupo que você lidera, tenha sempre cuidado para não transformar o futuro promissor de seus seguidores em um total fracasso. Lembre-se de que sua liderança deve aprimorar a qualidade de sua equipe e não simplesmente eliminar seus talentos.

Capítulo 6

A liderança de equipes: da Associação de Bairro ao Conselho de Diretoria

É o trabalho de equipe que torna pessoas comuns capazes de alcançar resultados incomuns.

Pat Summitt, *coach* da Universidade do Tennessee Lady Vols

Você já liderou uma equipe se:

- Criou ou está criando uma família.
- Dirigiu uma comissão ou uma força-tarefa.
- Organizou um jantar de última hora.
- Criou um clube do livro.
- Dirigiu uma ação comunitária.
- Mobilizou um grupo de militância política.

As mulheres entendem o conceito de trabalho de equipe no nível mais fundamental. Mesmo que jamais tenha feito parte de um time esportivo nem administrado um departamento, tenho certeza de que houve ocasiões em que você coordenou os esforços de um grupo de pessoas para realizar um objetivo comum. Embora os homens saibam que o trabalho de equipe é essencial para o sucesso a longo prazo, é mais provável que você, como mulher, possua as qualidades necessárias para fazer dele uma realidade. O senso de ética feminino, assim como o desejo de criar grupos de interesse, além da habilidade de desenvolver talentos individuais e a disposição de admitir as próprias fraquezas, tudo isso confere às mulheres grande capacidade de se tornar líderes fortes.

Os talentos femininos para formar e organizar equipes são observados com mais freqüência no trabalho comunitário e nas instituições filantrópicas que as mulheres têm, historicamente, fundado e administrado. Essas entidades começaram como a materialização de uma visão, de um ideal, para, em seguida, tornar-se grandes instituições graças à reunião e ao aperfeiçoamento das habilidades de seus participantes.

Talvez o melhor exemplo do trabalho da mulher como formadora de equipes seja a Assistance League [Liga de Assistência, entidade filantrópica norte-americana]. Fundada por Anne Banning em 1894, a Assistance League é hoje uma dinâmica organização sem fins lucrativos cuja missão é "pôr em ação o compromisso de cuidar dos necessitados por meio de projetos filantrópicos baseados na comunidade". Todo o trabalho é feito quase exclusivamente por voluntários, e a liga se compõe de 117 divisões, ou agências, além de contar com mais de 24 mil membros no país inteiro. Conheci melhor o grupo quando fiz uma palestra sobre liderança durante sua conferência anual. A energia, o entusiasmo e o talento organizacional das mulheres que ali encontrei renovaram meu respeito por tudo o que uma equipe de voluntários engajados e bem conduzidos pode fazer. Judy Mullin, a presidente nacional da liga, teve a gentileza de compartilhar comigo os segredos do sucesso da liderança de uma equipe de voluntários – que, afinal de contas, são os mesmos em qualquer tipo de atividade coletiva. Perguntei, em primeiro lugar, como chegou à condição de líder. Eis seu depoimento:

> Nunca pensei em ser líder. Fazia parte do grêmio estudantil na universidade e fui presidente de várias organizações de trabalho voluntário, mas sempre me considerei uma simples colaboradora. Toda oportunidade de exercer a liderança me parecia uma nova aventura e eu mergulhava no processo – essa era minha recompensa.
>
> O tempo me ensinou que para liderar uma equipe é preciso começar com um objetivo comum. Você deve ter certeza de que todos caminham na mesma direção, embora as pessoas possuam talentos diferentes. Minha função como líder é aproveitar talentos e habilidades e integrá-los no mesmo propósito. Não haverá condições de fazer isso se você não estabelecer normas e expectativas muito claras. Meu trabalho se tornou mais fácil graças ao fato de que a organização tem forte infra-estrutura e oferece bons programas de treinamento, além de oportunidades de formar uma vasta rede de relações. Todos esses fatores se combinam para favorecer o comprometimento dos membros das equipes porque eles sabem que podem contar com um excelente sistema de apoio quando

precisarem. Isso é essencial. Quando sabem que têm apoio, as pessoas acreditam na possibilidade de alcançar suas metas. Já fiz coisas que jamais imaginei ser capaz de fazer simplesmente porque dispunha do apoio necessário.

Já enfrentei e venci muitos desafios de liderança ao longo de minha vida, e a experiência me ensinou que eu nada teria conseguido sozinha. Cada passo dado representou um aprendizado valioso. Se você não se dispuser a aprender todos os dias, não poderá tornar-se uma líder competente.

Acredito e confio também na comunicação aberta e constante porque isso faz com que as pessoas se sintam ligadas. Os líderes bem-sucedidos favorecem a criação de vínculos entre seus seguidores e incentivam a comunicação. Insisto muito nesse ponto com todas as equipes, assim como na necessidade de cada um estar consciente do trabalho de seus companheiros.

Uma sugestão que eu daria aos jovens profissionais: leiam o mais possível sobre liderança, mantenham-se abertos, perguntem muito e não hesitem em tentar fazer as coisas. Se nós acreditamos que alguma coisa pode ser feita, precisamos tentar. Quando uma tentativa não dá resultado, devemos pensar em outras soluções. Tudo isso é incrivelmente gratificante.

O caminho profissional de Judy é similar ao de muitas outras mulheres. Ela começou com pequenos grupos e projetos e, à medida que surgiam novas experiências de liderança, percebeu que se tratava de oportunidades de aprendizado que deveria aproveitar, e não evitar. Como líder de uma das maiores e mais respeitadas organizações norte-americanas, Judy concentra-se no que é de fato importante: *um objetivo claro, expectativas bem definidas, aproveitamento dos talentos individuais e comunicação constante.*

INCENTIVO AO TRABALHO DE EQUIPE

Com mais de 880 vitórias em seu currículo, Pat Summitt, *coach* do time de basquete da Universidade do Tennessee Lady Vols, é sem dúvida a maior recordista – entre homens e mulheres – da história esportiva dos Estados Unidos. Ela sabe como formar vencedores. Doze de seus jogadores ganharam medalhas olímpicas e outros vinte tornaram-se atletas profissionais do basquete. Seja qual for o tipo de liderança que você exerce – um projeto, um departamento ou uma empresa inteira –, poderá aprender muito com Pat Summitt. Ela escreveu, em seu livro *Reach for the Summit* [Alcance o Topo], sobre o segredo do sucesso:

> O trabalho de equipe deve ser ensinado. Não é possível juntar um grupo de pessoas em uma sala e simplesmente esperar que atuem como se fossem membros de uma equipe. Nenhuma organização obtém sucesso sem trabalho de equipe mesmo que só existam gênios em seu quadro de funcionários. Não me canso de enfatizar isso. Sem incentivo, as pessoas não conseguem atuar juntas de forma competente. Mas, se você conseguir motivá-las de verdade, tudo se tornará mais fácil: o trabalho de equipe não é uma questão de persuadir as pessoas a unir sua ambição individual por um bem maior, e sim uma questão de reconhecer que a ambição pessoal e a ambição do grupo são uma só. Isso é incentivo.

Esse depoimento demonstra bem por que Pat Summitt conseguiu tantas vitórias em sua carreira. Quando oriento líderes, costumo dizer que uma de nossas primeiras ações deve ser a de comunicar claramente suas expectativas sobre trabalho de equipe. Eu mesma sempre ajo assim em todas as minhas atividades, esteja ou não em posição de liderança. Você deve começar estabelecendo um conjunto de diretrizes de comportamento de equipe *desenvolvidas e aprovadas por todos.* Em outras palavras, uma lista de regras em cuja elaboração todos devem colaborar. Isso talvez cause alguma estranheza a princípio, portanto esteja preparada para explicar que o propósito dessas regras é facilitar a participação segura de cada membro nas tarefas conjuntas e favorecer o desenvolvimento de todo o potencial humano para que a própria equipe se beneficie da força da colaboração. É provável que você precise contribuir com algumas idéias suas para estimular seus colaboradores. Tenha cuidado, porém, para não transformar a lista em *propriedade sua* tomando posse de todas as regras. Ela deve ser obra da *equipe.*

Alguns dos destaques que geralmente constam das listas de regras são os seguintes:

- As reuniões devem começar e terminar na hora marcada.
- Espera-se a participação plena de todos.
- Não há idéias más – tudo o que for apresentado será discutido.
- Seja consciencioso e não abuse do tempo que lhe cabe para falar.
- Incentive seus colegas mais tímidos a falar.
- Os telefones celulares e outros artefatos portáteis devem ficar desligados durante as reuniões de equipe.
- Adote a seguinte regra: *tudo o que for dito e feito aqui permanecerá aqui* (exceto se houver orientação em contrário).

- A cada membro da equipe cabe a responsabilidade de ajudar os colegas a alcançar as próprias metas.
- Não deve haver apenas reclamações – cada problema apresentado precisa estar acompanhado de uma proposta de resolução ou de uma solicitação de ajuda na busca de soluções.
- Cada membro da equipe deve estar presente nas reuniões, exceto se ficar retido por alguma atividade urgente relativa ao trabalho.

Uma vez elaborada, imprima a lista e divulgue-a, fixando-a nos locais de maior visibilidade, até que se torne parte das atividades da equipe. Essa medida mostrará a todos a importância das regras, que precisam ser acatadas. Haverá assim, ao mesmo tempo, um parâmetro do desempenho de seus colaboradores, pois quando se trata de comportamento, individual ou coletivo, *o que você mensura é o que você consegue.* Os membros da equipe devem saber também que sua performance individual será avaliada, em parte, pelo grau de contribuição com o sucesso do grupo. Se alguns, apesar de tudo, não comparecerem às reuniões, será recomendável adverti-los de que não estão atendendo a suas expectativas. Se mesmo assim persistirem nessa atitude, registre o problema no relatório de avaliação deles. Na condição de líder, é preciso cobrar das pessoas a obediência às regras, caso contrário pensarão que você não dá valor a elas. As conseqüências disso, quase sempre, são o desgaste e o colapso do trabalho de equipe.

Quando você lidera sua equipe na execução de um projeto, torna-se bastante fácil identificar algumas formas de trabalhar em regime de interdependência. Se você estiver na liderança de um departamento que compreende múltiplas funções, isso poderá ser um pouco mais difícil – mas não impossível. Vamos a um exemplo: Roberta é diretora de uma organização sem fins lucrativos. O conselho tem comitês que correspondem aos vários setores da empresa, como finanças, desenvolvimento de doações e relações corporativas ou comunitárias. Cada comitê é responsável pela supervisão de um desses setores. Se Roberta não levasse em conta o trabalho de equipe, permitiria que cada um deles operasse de forma independente e se reportasse ao conselho com pouca ou nenhuma participação dos outros comitês. Ela, porém, conhece o valor do trabalho conjunto porque sabe que as equipes de alto desempenho utilizam a sinergia para aumentar a competência coletiva e as habilidades individuais. O conceito básico de sinergia é: a energia, a competência ou a produção coletiva de uma equipe excede a simples soma das partes.

A sinergia de uma equipe origina-se, sobretudo, da distribuição clara de papéis e responsabilidades e da comunicação constante entre os grupos pertencentes ao mesmo departamento. Roberta, em nosso exemplo, faz bom uso das reuniões com o conselho para garantir o fluxo coerente e eficaz de informações entre todos os participantes. Muitos líderes falham porque não compreendem o propósito das reuniões de equipe nem desenvolvem a habilidade de aproveitá-las para formar e consolidar um grupo coeso e de alta performance.

COMO CONDUZIR REUNIÕES DE EQUIPE

Uma das razões que levam as pessoas a odiar tanto as reuniões de equipe reside no fato de que muitos líderes têm pouca ou nenhuma noção de como conduzir com eficiência esses encontros. Não há nada mais frustrante do que ter uma pilha de trabalho à sua espera e ser obrigada, durante horas intermináveis, a participar de uma reunião improdutiva. Lembre-se de que as reuniões de equipe têm por objetivo:

- Permitir que o líder compartilhe informações de interesse geral com sua equipe.
- Incentivar os membros da equipe a trocar informações de interesse geral.
- Reservar tempo para proceder à atualização da posição dos projetos principais.
- Proporcionar a oportunidade de discutir e resolver questões relativas a todos os membros da equipe.
- Gerar um ambiente propício à construção de relações interdependentes que ajudem a equipe a realizar todas as metas coletivas.

Se você mantiver esses objetivos em mente e adotar o modelo apresentado a seguir, não será difícil conduzir com eficiência as reuniões de sua equipe.

Como compor uma pauta de reunião? Apresento adiante um exemplo que você poderá adaptar às necessidades de sua equipe. Anote, no espaço reservado para cada tema, os assuntos que deseja abordar, bem como aqueles que os membros da equipe submeteram a discussão – e estabeleça horários para todos eles. Se alguém, por exemplo, quiser discutir um problema específico, deverá indicar na pauta o tempo necessário para isso. O estabelecimento e o cumprimento dos horários são medidas essenciais para que a reunião transcorra com eficiência dentro do prazo previsto.

REUNIÕES DE EQUIPE PRODUTIVAS

O que fazer	O que evitar
Desenvolver pautas com antecedência solicitando a proposição antecipada de temas a discutir em cada reunião.	Comparecer à reunião sem se preparar.
Estabelecer regras básicas para gerar nos seguidores uma sensação de segurança.	Permitir o predomínio de apenas uma ou duas pessoas durante as discussões.
Designar determinado período de tempo para a discussão de cada tema.	Permitir conversas paralelas e desnecessárias ao longo da reunião.
Dar à reunião duração suficiente para a discussão de todos os temas propostos.	Ultrapassar o horário programado para o encerramento da reunião.
Dispor sempre, em todas as reuniões, de um quadro-negro ou qualquer outro dispositivo para escrever ou desenhar o que deve ser visto por todos.	Confiar apenas na memória para registrar informações, sugestões ou tarefas importantes.
Alternar as funções de secretário, de controlador de tempo e de facilitador.	Acreditar que *você* comanda as discussões em vez de compartilhar com todos os membros da equipe o mérito e a responsabilidade pelo sucesso da reunião.
Promover reuniões pelo menos duas vezes por semana – e respeitar religiosamente os horários predeterminados (sobretudo as equipes departamentais).	Cancelar reuniões na última hora porque nem todos podem comparecer.
Utilizar o relatório de posição de projeto para acompanhar os progressos dos projetos mais importantes.	Desperdiçar o valioso tempo da reunião com relatórios sobre tarefas rotineiras.
Encerrar a reunião no horário previsto.	Esperar a chegada de todos os atrasados antes de dar início à reunião.
Reservar tempo na pauta da próxima reunião para os assuntos que não foi possível discutir e programar novos temas de discussão.	Perder tempo com a discussão de assuntos que podem ser resolvidos de modo mais adequado fora da reunião.

PAUTA DA REUNIÃO DE 22 DE JUNHO

9 h Relatório do líder

Aqui você registra informações sobre fatos ocorridos na empresa que afetam os membros da equipe. Essas informações vêm, em geral, de outras reuniões que você costuma freqüentar ou de fontes às quais seus colaboradores não têm acesso. Alguns exemplos mais comuns: contratações, alterações das diretrizes organizacionais, novos clientes, novos sistemas a implementar ou ordens específicas da alta administração.

9h15 Assuntos gerais

Alguns membros da equipe dispõem às vezes de informações que ainda não chegaram ao conhecimento do líder nem dos colegas. Tais informações podem variar do simples aviso do aniversário de alguém a rumores de corte de pessoal. Esse espaço de quinze minutos serve para que todos compartilhem notícias que afetam a equipe.

9h30 Relatório sobre a situação dos projetos

Com o auxílio do relatório de posição de projetos apresentado adiante, todos podem acompanhar os progressos dos projetos em andamento e os obstáculos aos objetivos *mútuos* da equipe. Esse não é, contudo, o momento propício para que cada um comente o trabalho que está realizando. Muitos líderes cometem esse erro, o que causa a dispersão da atenção dos participantes. A discussão detalhada do progresso das tarefas individuais deve ser feita, fora da reunião, entre o líder e cada um de seus seguidores.

10 h Solução coletiva de problemas e apresentação de informações

Essa parte da reunião destina-se à discussão de eventuais situações problemáticas enfrentadas por membros da equipe e da necessidade de ajudá-los, assim como de suas preocupações relativas a questões de trabalho. É também o momento de falar de temas de interesse geral, como livros, artigos e *workshops,* que poderiam beneficiar a todos.

10h30 Encerramento

Se você não tiver o hábito de promover reuniões nesse formato, sua equipe precisará de tempo para se acostumar. Talvez, no início, as pessoas relutem em apresentar temas para discussão, mas se verificarem que não há espaço na pauta para falar do que lhes interessa acabarão por fazer isso. Caso o tempo não seja suficiente para discutir algum assunto pendente, este deve ser programado para a reunião seguinte. Se, por outro lado, um tema se aplicar mais a alguns membros da equipe que a outros, será conveniente discuti-lo fora do horário das reuniões.

O relatório de posição de projeto que apresento agora pode ser usado como modelo de registro das principais atividades da equipe, que precisam ser discutidas durante as reuniões. Você vai, naturalmente, adaptá-lo a suas necessidades, mas esse formato fornece a base necessária para acompanhar o andamento do projeto e identificar as áreas que mais precisam de sua atenção. Os assuntos devem permanecer no relatório até sua conclusão. Os temas novos serão inseridos à medida que o relatório for atualizado após cada reunião.

RELATÓRIO DE POSIÇÃO DE PROJETO

Projeto	Pessoas envolvidas	Data do prazo final	Situação atual	Outros
***Design* do material de marketing**	Carlos e Érica	31 de agosto	*Designer* já apresentou esboços Orçamentos das gráficas em estudo	
Desenvolvimento de sistemas de contabilidade	Pedro e Chris	15 de setembro	Reunião dos gerentes de departamento em 7 de julho	Aguarda a aprovação do vice-presidente financeiro
Contatos externos do departamento	João, David e Kátia	14 de outubro	Contrato assinado com hotel Programa de avaliação da equipe com facilitador Distribuição de pesquisa sobre equipe na próxima semana	

EQUIPES EM CLIMA DE DESCONFIANÇA

Recebo com freqüência pedidos de ajuda de líderes cujas equipes estão às voltas com crises de confiança. Esta questão sempre os deixa perplexos, mas o fato é que as crises de confiança não surgem do nada – são criadas muitas vezes pelos próprios líderes. Isso acontece quando eles deixam de comunicar suas expectativas à equipe, quando estimulam a competição entre os colaboradores, quando não promovem reuniões de trabalho individuais nem coletivas e quando permitem que os problemas da equipe se agravem. Embora não seja difícil perceber a ausência de sinergia entre seus seguidores, descrevo abaixo alguns sintomas típicos de crise de confiança que poderão ajudar você a confirmar suas suspeitas:

- **Formação de "panelinhas":** subgrupos compostos de alguns colaboradores que excluem os demais.
- **Maus hábitos de comunicação:** falta de abertura, relutância em discutir questões que afetam os colaboradores e má vontade de ouvi-los com a atenção que merecem.
- **Inflexibilidade:** os membros da equipe se apegam ferozmente a convicções e pontos de vista mesmo diante da evidência de que estão errados.
- **Falta de segurança:** dúvidas sobre a competência, os conhecimentos e os motivos dos colaboradores.
- **Fluxo reservado de informações:** controle excessivo das informações e dos processos de divulgação.
- **Objetivos ocultos:** nem todas as metas e expectativas são divulgadas livremente.
- **Fuga de conflitos:** falta de franqueza entre os membros da equipe com relação a questões importantes.
- **Deslealdade:** os membros da equipe criticam uns aos outros pelas costas.
- **Calúnia ou sabotagem:** tentativa de minar a credibilidade ou o sucesso de um dos membros da equipe.
- **Exclusão:** tentativa de evitar ou eliminar alguém que deveria estar legitimamente envolvido em um processo de decisão, solicitação ou comunicação.
- **Independência inconveniente:** recusa teimosa de buscar e aceitar a opinião dos outros membros da equipe ou de trabalhar com base no consenso.
- **Desempenho fraco:** fracasso no cumprimento dos deveres ou na execução de ações predeterminadas.
- **Desinteresse:** demonstração de apatia, desatenção ou omissão diante das atividades da equipe.
- **Metas contraditórias:** os membros da equipe seguem diretrizes individuais e às vezes conflitantes.
- **Má divisão de responsabilidades:** as funções e os comportamentos revelam falta de alinhamento e incoerência.

Se a equipe que você lidera tem apresentado esses sintomas, algumas medidas sérias são imperativas. O segredo é *como* tomar tais medidas. A simples existência de uma crise de confiança gera situações que causam ceticismo nos próprios membros da equipe sobre qualquer possibilidade de solução. A tensão existente entre eles impede que conversem abertamente porque todos se sentem inseguros. Por mais habilidosa e bem-intencionada que você seja, recomendo que procure ajuda externa. Na condição de líder, também faz parte da equipe e, portanto, do problema – muitas vezes mais do que possa imaginar. Um facilitador externo e *experiente* saberá criar um ambiente no qual todas as questões serão expostas de forma livre e direta.

Caso trabalhe numa empresa de grande porte, você poderá contar com o apoio do departamento de recursos humanos ou do setor de treinamento. Se for assim, peça assistência na elaboração e na implementação de um programa externo de construção de equipes. Caso contrário, procure com outros líderes algumas boas referências sobre consultoria externa para ajudá-la na solução dos problemas de seu pessoal. Conforme a gravidade desses problemas, você sem dúvida vai procurar saber se o facilitador escolhido tem capacidade para resolver situações difíceis e focalizar não apenas os aspectos superficiais da questão como também o lado mais profundo das controvérsias que impedem sua equipe de trabalhar com eficiência. Tendo atuado muitos anos nessa área, sei que o processo pode ser doloroso para cada um dos envolvidos. Por essa razão, é essencial a escolha de um facilitador competente, capaz de libertar você e seus colaboradores do atoleiro do medo, da raiva, da tensão e da frustração.

Para evitar situações extremas, você pode pôr em prática as sugestões já discutidas neste capítulo. Uma avaliação que indique a temperatura de sua equipe e sirva como base de um plano de ação é outra boa medida. O modelo de avaliação de equipe apresentado adiante é de aplicação relativamente fácil e produz resultados valiosos. Existem, porém, algumas condições associadas à condução de qualquer tipo de pesquisa de ambiente:

- **Garanta o anonimato se quiser respostas honestas:** deixe que as pessoas completem o questionário e o devolvam da maneira mais conveniente para elas. Algumas recorrerão ao e-mail, mas a maioria talvez prefira uma resposta anônima.
- **Compartilhe os resultados com a equipe:** se "censurar" os dados obtidos, as pessoas não confiarão em você nem em suas intenções. A formação de um grupo de alta performance exige disposição para expor o lado

bom, o lado mau e o lado feio das situações no esforço de melhorar as condições de trabalho. Você deve, por essa razão, recomendar que as pessoas evitem o uso de jargões ou termos que poderiam identificá-las. Seus colaboradores talvez eventualmente revelem a própria identidade, mas essa deverá ser uma escolha de cada um.

- **Prepare-se para tomar providências:** não há nada pior que dar uma opinião ou uma resposta honesta e depois constatar que suas palavras foram ignoradas. A omissão apenas vai criar problemas maiores, pois seus colaboradores pensarão que você não se empenha em melhorar as condições de trabalho nem em corrigir as situações de conflito.
- **Faça da consolidação da equipe uma prioridade:** sempre sorrio intimamente quando alguém me pede um programa de formação de equipe a ser aplicado em um único dia, nos escritórios da empresa, porque seu grupo está em crise. Que espécie de mensagem os colaboradores desse líder vão receber sobre a própria importância? É preciso fazer as coisas direito. A criação de um ambiente seguro e livre de interferências, o esclarecimento de todos os problemas, o aprendizado das habilidades necessárias ao trabalho de equipe e o desenvolvimento de um plano de ação – tudo isso requer tempo. Por essa razão apenas atuo como facilitadora de programas de pelo menos dois dias de duração realizados em locais externos, de preferência distantes do ambiente normal de trabalho.
- **Não espere resultados imediatos:** sua equipe não chegou à situação em que se encontra da noite para o dia, e a solução tampouco será consolidada como num passe de mágica. Por isso, é importante transformar as sessões de discussões positivas e de sugestões em parte ativa do planejamento diário e das atividades de acompanhamento da equipe.
- **Cobre os resultados:** os programas de formação de equipe não se destinam à criação de vínculos afetivos, embora seja ótimo que isso aconteça. O objetivo deles é *gerar mudanças significativas e duradouras* no comportamento da equipe. As empresas investem, com demasiada freqüência, milhares de dólares em atividades externas de reforço desses programas cujos resultados duram dois dias, após os quais tudo volta ao "normal". Sua tarefa de líder, portanto, é cobrar resultados dos seguidores, seja na implementação de métodos de melhoria, seja na prática das habilidades apontadas no programa. Lembre-se: *o que você mensura é o que você consegue.*

AVALIAÇÃO DA EFICIÊNCIA DA EQUIPE

Parte I

Instruções: dentro do propósito desta avaliação, sua equipe consiste de todas as pessoas que trabalham em seu departamento. Usando uma escala que varia de 1 = *nada tem que ver com minha equipe* a 10 = *tem tudo que ver com minha equipe,* responda às questões seguintes com a maior honestidade possível. Não escreva seu nome no formulário – todas as respostas são anônimas.

1. Comunicação

Os membros da equipe consultam livremente uns aos outros e há discussões abertas e profundas sobre os problemas que afetam o grupo.

1 2 3 4 5 6 7 8 9 10

2. Tomada de decisões

As soluções dos problemas são encontradas e as decisões são tomadas porque as discussões levam em conta os fatos e a opinião de todos, e não apenas o ponto de vista de uma ou duas pessoas.

1 2 3 4 5 6 7 8 9 10

3. Discussão de problemas

Os problemas são discutidos com regularidade e as soluções são encontradas em conjunto com o devido respeito por todas as opiniões e idéias apresentadas.

1 2 3 4 5 6 7 8 9 10

4. Iniciativa

Todos compartilham a responsabilidade de apresentar idéias novas para solucionar os problemas da equipe.

1 2 3 4 5 6 7 8 9 10

5. Padrões de excelência

Os padrões usados para julgar a eficiência e as realizações da equipe foram estabelecidos com clareza e merecem o comprometimento de todos.

1 2 3 4 5 6 7 8 9 10

6. União

As pessoas esforçam-se para entender umas às outras e fazer com que todas se sintam parte da equipe.

1 2 3 4 5 6 7 8 9 10

7. Confiança

Os membros da equipe confiam uns nos outros e se sentem seguros para discutir abertamente a maior parte dos assuntos.

1 2 3 4 5 6 7 8 9 10

8. Orgulho

Os membros da equipe demonstram orgulho não só do próprio trabalho como também do desempenho dos colegas.

1 2 3 4 5 6 7 8 9 10

9. Avaliação

As pessoas encontram tempo para trocar *feedback* (positivo e comportamental) umas com as outras sobre a qualidade do trabalho da equipe.

1 2 3 4 5 6 7 8 9 10

10. Interdependência

Os membros da equipe reconhecem a necessidade do trabalho interdependente e percebem que seu êxito está relacionado ao sucesso dos demais componentes do grupo. Se um vence, todos vencem; se um fracassa, todos fracassam.

1 2 3 4 5 6 7 8 9 10

Parte II

Instruções: você vai agora responder a quatro questões. Seja honesto, mas compreenda que suas respostas serão registradas *literalmente*. Dessa forma, se quiser manter o anonimato, evite jargões ou termos característicos que permitiriam identificá-lo.

1. O que você mais aprecia em sua equipe?
2. O que sua equipe poderia fazer melhor para se tornar ainda mais eficiente?
3. O que sua equipe poderia deixar de fazer para se tornar ainda mais eficiente?
4. Faça outros comentários sobre sua equipe.

INCENTIVO E RECOMPENSA AO TRABALHO DE EQUIPE

Jan Cloyde, vice-presidente executiva do City National Bank, é dona de grande experiência na liderança de equipes – corporativas e voluntárias. Quando a entrevistei durante a realização deste livro, perguntei o que é preciso para liderar uma equipe de voluntários e quis ouvir também sua opinião sobre a condução de um grupo corporativo.

> A liderança de uma equipe de alta performance requer paixão e mente positiva, qualidades contagiantes. As pessoas dificilmente deixarão de segui-la se você demonstrar paixão pelo que faz. Meu ideal, por exemplo, é ajudar as pessoas a obter sucesso – e para isso é preciso que queiram fazer o que se espera delas. Além disso, a liderança depende do estabelecimento de metas e expectativas bem claras, sem falar no respeito pelo outro. Você deve motivar seus colaboradores e estipular as regras do jogo. Você deve também ensinar, pelo exemplo, o que espera deles. Quando acertarem, não poupe elogios. Elogie-os no momento em que fazem as coisas corretamente e demonstre que você nota seu valor. Se errarem, dê a orientação necessária sem fazer muito alarde.
>
> Quando se trata da liderança de voluntários, é preciso avaliar se as pessoas estão comprometidas com a causa e têm tempo para fazer o que se espera delas. Talvez estejam comprometidas de fato, mas não tenham tempo. Por isso é importante esclarecer as expectativas e perguntar a elas se há disponibilidade para dedicar-se ao trabalho. Nem sempre o nível de compromisso dos outros equivale ao nosso, não esqueça. Uma das lições mais difíceis que aprendi em minha experiência de liderança foi esperar sem inspecionar. Quanto maior for sua autoridade, mais você espera que as pessoas façam as coisas à sua maneira, mas isso muitas vezes não se confirma. Por essa razão, é preciso, no início, observar e avaliar o trabalho para garantir o cumprimento das expectativas essenciais.

Jan deixa muito claro que, se você quiser que as pessoas atuem como uma equipe, será preciso reforçar essa regra *e* cobrar seu descumprimento. Uma prática mais comum entre os homens que exercem cargos de liderança do que entre as mulheres é o estímulo à competição entre os membros da equipe para que cada um procure superar o desempenho do outro. Prefiro, como mulher, apelar mais para o senso de colaboração e menos para a competição entre meus seguidores. Seja qual for o tipo de atividade que exerçam, porém, os membros de sua equipe devem competir *de fato* fora do grupo, e não com os colegas.

Se recompensar as pessoas apenas por suas realizações individuais, elas pensarão que o trabalho de equipe não tem valor para você. Muitos métodos de avaliação de desempenho enfatizam o cumprimento de metas, e não a *forma como* as metas foram alcançadas. Essa abordagem míope leva as pessoas a uma corrida desenfreada para completar seu trabalho a qualquer custo. Mais uma vez, *o que você mensura é o que você consegue.* Por isso, além do estabelecimento de regras de comportamento, você deve elaborar uma lista de *suas* expectativas com relação ao trabalho de equipe, comunicá-las claramente e avaliar as pessoas tendo como base o comprometimento delas. Apresento em seguida alguns comportamentos que poderiam constar dessa lista:

- Ouvir os outros e tentar entender seus sentimentos antes de tomar uma atitude.
- Planejar com eficiência o estilo de comunicação para que todos compreendam claramente as idéias transmitidas.
- Mostrar-se sensível ao moral e aos sentimentos dos subordinados, dos colegas e dos administradores.
- Solicitar a opinião e o apoio dos colegas.
- Demonstrar interesse pelo cumprimento das metas com base no espírito de colaboração, e não de competição.
- Procurar e aceitar *feedback* sem atitudes defensivas, na tentativa de aperfeiçoar o desempenho.
- Revelar disposição para ajudar os outros mesmo que isso não seja solicitado.
- Conhecer e aderir às políticas organizacionais.
- Relacionar-se com naturalidade e cortesia com pessoas de todos os níveis hierárquicos.
- Oferecer *feedback* construtivo em vez de criticar em excesso ou subestimar a necessidade de correção.
- Colaborar com todos.

Para alguns líderes, é muito mais fácil recompensar o desempenho individual que o trabalho de equipe. Com relação às pessoas, é sempre possível dar tapinhas nas costas, boas avaliações, prêmios, aumentos, bônus ou promoções. Mas como incentivar e reconhecer o trabalho conjunto? A promoção de reuniões (que devem ser chamadas de encontros de *equipe,* e não de encontros de *funcionários*) e de eventos externos é um bom começo, embora insuficiente. Em seu livro *1001 Ways to Reward Employees* [1001 Maneiras de Recompensar os Empregados], Bob Nelson dedica um capítulo inteiro à premiação de grupos e equipes. Ele entrevistou centenas de líderes para conhecer as melhores práticas de incentivo ao trabalho de equipe e de reconhecimento do desempenho dos funcionários. Transcrevo agora algumas das muitas excelentes sugestões contidas no livro:

- Quando a equipe realiza um objetivo, encerre o expediente mais cedo e leve todos ao cinema e a um bom restaurante.
- Se a equipe trabalhou duramente para cumprir um prazo, pague uma sessão de massagem para que todos possam relaxar.
- Para incentivar o trabalho conjunto entre os departamentos, crie forças-tarefas mistas encarregadas da solução de um problema comum a todos, do desenvolvimento de um produto ou da elaboração de um novo método de trabalho que eleve os níveis de competência das equipes, por exemplo.
- A avaliação e, se for o caso, a implementação imediata das idéias apresentadas pela equipe são ótimos reforços positivos que não requerem nenhuma despesa.
- Dê aos membros de sua equipe uma câmera fotográfica e sugira a documentação do trabalho coletivo deles ao longo de uma semana. Promova, em seguida, uma sessão de *slides* feitos com as fotos e chame todo o pessoal da empresa para assistir a ela.
- Em vez de instituir um programa de incentivo ao "Funcionário do Mês", prefira premiar a "Equipe do Mês". Recompense os vencedores com um jantar, com ingressos para o teatro ou qualquer outro presente que julgar oportuno.
- Peça a seus seguidores que criem um *slogan* e um logotipo para a equipe e depois mande imprimi-los em xícaras de café, em camisetas ou em quaisquer outros objetos como lembretes de que cada indivíduo é parte de um todo maior.

Sugestões para a formação de equipes de alta performance

50. ***Fale sobre trabalho de equipe – sempre.*** Os colaboradores não vão desempenhar com perfeição suas funções só porque você quer. Por isso, fale das metas do grupo e de suas expectativas sobre o trabalho de equipe em todas as oportunidades que surgirem.
51. ***Estabeleça regras.*** Todo jogo precisa de um conjunto de regras. Até mesmo as famílias têm normas implícitas e explícitas de comportamento. Assim, as regras geram, na equipe, um ambiente de segurança que permite que as pessoas falem com franqueza e contribuam com o aprimoramento da competência geral. Lembre-se, porém: as regras devem ser feitas *com* a equipe, e não *para* a equipe.
52. ***Prepare-se para as reuniões.*** Se os líderes apenas comparecerem às reuniões sem conduzi-las e sem procurar torná-las mais produtivas, os colaboradores deixarão de freqüentá-las por considerá-las mera perda de tempo. Demonstre, portanto, respeito pelo tempo das pessoas fazendo bom uso dele. A preparação das reuniões requer a elaboração de uma pauta, um esboço de tudo o que você deseja comunicar e a solicitação prévia de uma lista de assuntos a discutir organizada pelos membros da equipe.
53. ***Conduza as reuniões com eficiência.*** A preparação não é o bastante para o sucesso das reuniões. É preciso fazer com que comecem e terminem no horário previsto, impedir que apenas uma ou duas pessoas monopolizem a palavra e administrar com equilíbrio o tempo destinado à discussão de cada assunto.
54. ***Faça pesquisas de ambiente com regularidade.*** Não repita o erro de tantos líderes que esperaram o surgimento de uma crise para providenciar uma pesquisa de ambiente. A avaliação dos pontos de vista dos seguidores sobre o desempenho geral da equipe, incluindo o da liderança, deve ser feita pelo menos duas vezes por ano – mesmo que nenhum problema seja detectado. Um lembrete: após a conclusão da pesquisa, você precisa tomar as providências indicadas pelo resultado.
55. ***Estipule parâmetros de desempenho.*** O que você gostaria de ver e ouvir com relação ao comportamento de seus seguidores? Escreva essas condutas corretas, transforme-as em metas e avise o pessoal de que o simples cumprimento de suas funções não basta – os desempenhos serão julgados também pela realização dessas metas de conduta menos tangíveis.

56. ***Escolha os melhores incentivos e recompensas para a equipe.***
57. ***Crie oportunidades de colaboração no trabalho.*** Comitês e equipes formados por pessoas de vários departamentos promovem excelentes oportunidades para trocar idéias, ouvir outros pontos de vista e conhecer setores diferentes da organização. O trabalho em regime de colaboração é um grande exemplo da máxima: "A mensagem está no método".
58. ***Promova sessões de* brainstorm *e outros tipos de reunião para incentivar o diálogo entre os departamentos.*** Caso você lidere uma empresa de grande porte, essa pode ser uma forma eficaz de saber mais sobre o que se passa nos vários departamentos e de comunicar diretamente suas mensagens – sem a interferência de intermediários. A General Electric promoveu, certa ocasião em um programa de reuniões regulares nas quais grupos de funcionários de diversas unidades tentavam resolver juntos determinados problemas organizacionais. Os executivos presentes davam ou não aprovação imediata às idéias apresentadas. Uma das conseqüências desse programa foi o surgimento de uma sensação geral de poder entre os empregados, como se compartilhassem a "propriedade" dos resultados obtidos.
59. ***Seja uma líder dinâmica.*** Suponhamos que você lidera uma força-tarefa dentro de sua organização. A iniciativa de ir até as salas dos membros dessa força-tarefa para discutir individualmente suas idéias rende, quase sempre, informações valiosas que eles talvez não estivessem dispostos a compartilhar com o grupo todo. Não tema o julgamento dos outros, que poderiam pensar que você não tem nada melhor a fazer. O dinamismo e a mobilidade são um bom meio de consolidar a representatividade de um líder.
60. ***Aprimore a capacidade de compreender os processos coletivos de sua equipe.*** Os grupos operam em muitos níveis, alguns dos quais são transparentes (o foco na realização de metas, por exemplo), embora outros se revelem mais opacos (tais como indicadores implícitos de moral baixo). Sua capacidade, como líder, de interpretar corretamente ambos os níveis é essencial para o sucesso da equipe.

Capítulo 7

As armas secretas da mulher: popularidade e quociente emocional

Nossa condição humana repousa sobre uma série de comportamentos adquiridos, entrelaçados em padrões de infinita fragilidade e nunca diretamente herdados.
Margaret Mead, antropóloga
norte-americana do século XX

Você já demonstrou ter popularidade e possuir quociente emocional alto se:

- Cultivou amizades duradouras.
- Solicitou *feedback* comportamental e tomou medidas para se corrigir.
- Solucionou um conflito com um amigo ou parceiro.
- Manteve suas emoções sob controle em situações passageiras.
- Foi procurada com certa freqüência como amiga ou confidente.
- Compareceu a eventos sociais para consolidar sua rede de relações.

Você com certeza aprendeu na infância o valor da inteligência, mas o QP e o QE têm a mesma importância na carreira de uma líder competente. Como você sabe, QI quer dizer "quociente de inteligência", mas poucas pessoas sabem que QP significa "quociente de popularidade" e QE se refere a "quociente emocional". Embora o QI sem dúvida favoreça o sucesso, o QP e o QE são fatores preponderantes no comportamento dos líderes eficientes. Quase todos nós já encontramos pessoas brilhantes, mas incapazes de manter uma conversação inteligente sobre assuntos alheios a sua área de atuação. É bem provável também que já tenhamos nos deparado com alguns indivíduos egocêntricos que costumam fazer comentários maldosos, ferindo os sentimentos dos outros sem nem sequer se dar conta disso. Já nascemos com um QI específico, mas são o QP e o QE que determinam até que ponto nosso QI nos levará. Além disso, ambos podem ser desenvolvidos.

Essa é uma boa notícia para todas as mulheres que não se julgam inteligentes o bastante para exercer a liderança. O fato é que os bons líderes que conheço, embora não sejam exatamente gênios, compreendem a si mesmos e às pessoas que os cercam. Bem treinadas em seu papel social maternal e conciliador, as mulheres aprenderam a interpretar as mudanças mais sutis de humor, a antecipar as necessidades dos outros e, mesmo sem autoridade formal, a conseguir as coisas graças à força de sua personalidade. Uma pesquisa internacional conduzida por uma empresa de consultoria global especializada no desenvolvimento do capital humano divulgou algumas descobertas relativas ao QI:

- Homens e mulheres apresentam os mesmos índices de QI.
- Os homens tendem a conseguir melhores resultados nos testes de habilidade espacial.
- As mulheres tendem a conseguir melhores resultados nos testes de leitura e habilidades verbais.

Quando se trata do QE, porém, as coisas se revelam diferentes. As mulheres costumam obter melhores resultados que os homens nas mensurações totais da inteligência emocional, bem como em três das quatro habilidades envolvidas nesse quociente:

- Capacidade de autogestão.
- Consciência social.
- Habilidade de administrar relacionamentos.

Na quarta categoria, autoconsciência, mulheres e homens obtêm resultados iguais.

QUOCIENTE EMOCIONAL:
HOMENS *VERSUS* MULHERES

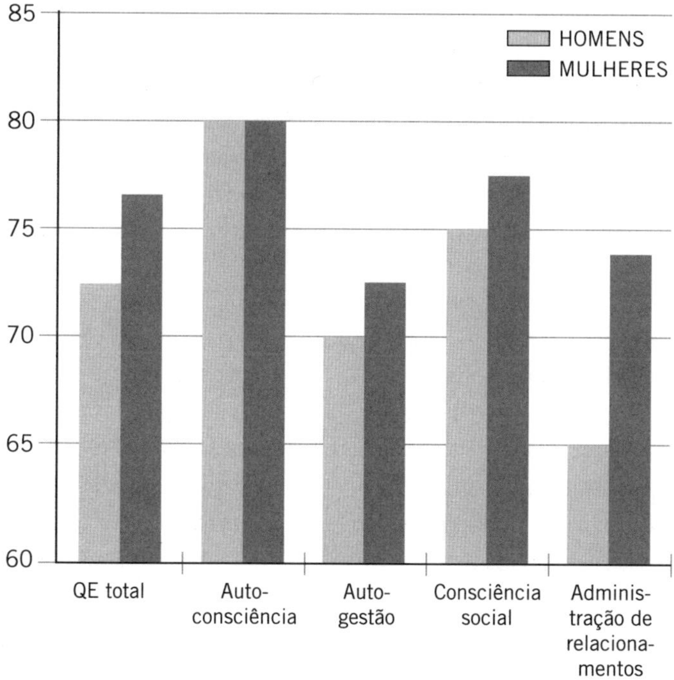

Gráfico cedido por cortesia de Jean Greaves, Travis Bradberry e da empresa Lac D. Su, TalentSmart.

Mas o que tudo isso significa? Vamos começar pela inteligência emocional. Embora Daniel Goleman seja considerado o pai da inteligência emocional, muitos outros autores já escreveram sobre o assunto. Travis Bradberry e Jean Greaves, psicólogos e fundadores da TalentSmart (o principal provedor de testes, treinamentos e consultoria de inteligência emocional dos EUA), escreveram um livro que gosto de recomendar: *The Emotional Intelligence Quick Book: Everything You Need to Know to Put Your EQ to Work* [O Manual da Inteligência Emocional: Tudo o Que Você Precisa Saber para Fazer Seu QE Trabalhar]. Uma das razões que me levaram a apreciar esse livro é a existência de uma senha pela qual você pode fazer, *on-line*, um teste gratuito de inteligência emocional que se aplica diretamente às questões de liderança. Além de apresentar as quatro características-chave mencionadas, os autores as dividem em duas habilidades: competência pessoal e competência social. O diagrama mostrado a seguir vai ajudar você a compreender melhor o conceito.

COMPETÊNCIAS

	O QUE EU VEJO	O QUE EU FAÇO
COMPETÊNCIA PESSOAL	É a capacidade de perceber corretamente suas emoções e tomar consciência delas no momento em que se manifestam. Essa habilidade permite que você mantenha o controle de suas reações a determinadas situações e pessoas.	É a capacidade de fazer uso da consciência de suas emoções para se manter flexível e dirigir positivamente seu comportamento. Essa habilidade lhe permite administrar suas reações emocionais a todas as situações e pessoas.
COMPETÊNCIA SOCIAL	É a capacidade de captar corretamente as emoções das pessoas e entender o que de fato está ocorrendo. Essa habilidade permite que você compreenda os pensamentos e os sentimentos dos outros mesmo quando são diferentes dos seus.	É a capacidade de fazer uso da consciência de suas emoções e das emoções dos outros para administrar com sucesso suas interações. Essa habilidade garante a clareza da comunicação e a destreza de lidar com os conflitos.

Diagrama cedido por cortesia de Travis Bradberry e Jean Greaves, TalentSmart.

As pessoas sempre me perguntam se esses comportamentos podem ser aprendidos, e minha resposta é absolutamente positiva, embora o processo envolva mudança. Já trabalhei com líderes de todos os níveis em vários tipos de organização e descobri que aqueles que revelam maior facilidade de mudar têm as mesmas características dos *coaches* engajados.

FATORES ESSENCIAIS AO DESENVOLVIMENTO DA INTELIGÊNCIA EMOCIONAL

Fator	Descrição
1. Vontade	Percepção do valor do desenvolvimento de habilidades complementares para aprimorar as qualidades já existentes.
2. *Insight*	Capacidade de ver a si mesmo como os outros o vêem na apresentação de *feedback*.
3. Sinceridade	Disposição para discutir aberta e honestamente os aspectos que devem ser trabalhados.

Fator	Descrição
4. Abertura	Mudança de paradigmas – não se prende a atitudes que deram certo no passado.
5. Riscos	Capacidade de sair da zona de conforto e adotar novos comportamentos, quando necessário, mesmo que isso envolva riscos potenciais.
6. Atitude de "aprendiz"	Gosto pela leitura e pela experiência do aprendizado simplesmente pelo prazer de aprender, e não porque isso é útil e recomendável.
7. Humildade	Compreensão da mera condição humana, na qual sempre haverá espaço para crescer.
8. Saúde emocional	Inexistência (ou tratamento já concluído) de problemas como alcoolismo, dependência de drogas, comportamento obsessivo-compulsivo e distúrbios bipolares, entre outros.

Se quiser saber se *você* pode aprimorar sua inteligência emocional, avalie o grau em que cada um desses fatores se aplica a seu caso. Quanto maior for o grau, mais fácil será desenvolver as habilidades necessárias à prática da boa liderança.

AUTOCONSCIÊNCIA E AUTOGESTÃO: O FOCO INTERIOR

A capacidade de identificar suas emoções a cada momento *e* de usar esse conhecimento para controlá-las é vital para assegurar a confiança de seus seguidores ou das pessoas que deseja influenciar. Vou relatar agora a história de uma cliente destituída de autoconsciência e as conseqüências disso em seu comportamento rotineiro. Sibila era executiva de uma grande organização sem fins lucrativos sediada em Chicago. Tinha a responsabilidade de gerir um quadro de 150 pessoas e um orçamento anual de 9,5 milhões de dólares. Foram os diretores dessa organização, preocupados com a atuação de Sibila, que na verdade entraram em contato comigo. Não se tratava de falta de inteligência nem de competência, segundo disseram. O problema residia no fato de que ela costumava ridicularizar os funcionários diante dos colegas, tinha freqüentes acessos de raiva e quase sempre criava uma atmosfera de medo e intimidação.

Quando a conheci pessoalmente, fiquei impressionada com sua postura profissional, sua capacidade de expressão clara e sucinta e com a rapidez com que analisava as perguntas e as respondia em múltiplos níveis. Em outras palavras, Sibila se comportava, falava e pensava como líder. Quando conversamos sobre as preocupações de seus diretores, apressou-se em depreciá-los e culpá-los pela situação. Ela os descreveu como "um bando de sentimentais que nunca administraram uma empresa de porte e estão mais preocupados com a felicidade do que com a eficiência dos funcionários". Além disso, quando lhe perguntei se de fato humilhava seus seguidores em público, a resposta foi: "Para começar, metade deles não deveria estar aqui e a outra metade se dá ao luxo de ser supersensível. Não sou paga para mimá-los, e sim para tocar a organização".

Como faço nas sessões iniciais de *coaching*, quis conhecer a história de Sibila e o caminho que a conduzira até aquela posição. Contou-me que foi criada em ambiente militar e que a família se mudou muitas vezes durante sua infância. O pai, um general alcoólatra, chefiava a casa com mãos de ferro. Quando comentei que isso tudo devia ser assustador para uma garotinha, ela negou. "Consolidou meu caráter", disse. Sibila aprendeu cedo que a disciplina e o trabalho duro são o segredo do sucesso. Diante de minha pergunta sobre sua reação a tantas mudanças de moradia, ela declarou que se divertia com isso, pois eram oportunidades de conhecer pessoas e costumes diferentes. Finalmente, quando perguntei se ainda mantinha contato com seus amigos de infância ou colegas de escola, não conseguiu lembrar-se de nenhum.

Após essa primeira conversa, procurei os funcionários de Sibila e pedi a opinião deles sobre seu estilo de liderança. O que ouvi serviu apenas para confirmar as queixas dos diretores. Quando a reencontrei e lhe mostrei o relatório que havia feito com base no *feedback* obtido de seu pessoal, ela riu de alguns comentários que teriam alarmado qualquer líder mais sensível e repetiu o que já me dissera: aquele grupo era composto de pessoas incapazes que resistiam a todos os seus esforços de liderança. Eu quis saber por que Sibila insistia em rotular seus funcionários de "incapazes". Explicou-me que não podia suportar a falta de inteligência e havia muita gente inepta sob seu comando. Quando sugeri que esse desdém poderia ser humilhante e fazer com que as pessoas se sentissem inferiorizadas, ela discordou e afirmou que, embora não apreciasse o convívio com idiotas, tratava a todos com respeito.

Com base no modelo de *coaching* que desenvolvi e apresentei em meu livro *Stop Sabotaging Your Career: 8 Proven Strategies to Succeed – In Spite of Yourself* [Pare de Sabotar Sua Carreira: 8 Estratégias Eficazes de Sucesso – Apesar de Você], tenho razões para acreditar que nossas melhores qualidades se desenvolvem na primeira infância e que nossos aspectos mais fracos estão quase sempre relacionados ao fracasso da conquista de habilidades complementares. Ficou, portanto, muito claro para mim que Sibila bloqueou seus sentimentos e também a capacidade de perceber os sentimentos alheios. Acredito que sua sobrevivência na fase infantil dependia do desenvolvimento de um mecanismo de defesa que negava a possibilidade de que alguma coisa estivesse errada. Já adulta, ela continuou a recorrer a esse mesmo mecanismo. Não havia condição de mudar. Todos os meus esforços de estabelecer entre nós uma relação de confiança que a incentivasse a analisar seu comportamento negativo sem se sentir ameaçada falharam. Não acredito que Sibila *não quisesse* ser uma boa líder, e sim que *não podia* desapegar-se das barreiras de defesa que a protegeram durante tanto tempo. Essa incapacidade, por fim, motivou sua demissão após dezoito meses de trabalho.

Não encontro, felizmente, muita gente desse tipo em minha rotina de trabalho. Talvez 10% ou 15% de meus clientes sejam incapazes de melhorar sua capacidade de autoconsciência e autogestão. Mas uma coisa eles todos têm em comum: a confiança excessiva nas habilidades desenvolvidas na primeira infância – a ponto de negligenciar a aquisição de comportamentos complementares. A vasta maioria das pessoas com as quais trabalho apresenta, no início do processo de *coaching*, graus normais de resistência às mudanças. *Somos julgados não por nossas intenções, e sim por nossas ações – e nossas ações são moldadas pelos sentimentos e pelas emoções.* Por isso é tão importante a capacidade de identificá-los e monitorá-los antes que se tornem obstáculos ao exercício da boa liderança.

DESENVOLVA O QE DA AUTOCONSCIÊNCIA E DA AUTOGESTÃO

A expressão *ato inconsciente* é usada com freqüência em relação às crianças, mas se aplica também aos adultos. Ela significa, na verdade, "perder contato com os próprios sentimentos ou com a capacidade de expressá-los e agir, portanto, de forma inconsciente da existência deles". As mulheres, muitas vezes, choram em vez de gritar porque aprenderam desde cedo a evitar manifestações sociais de raiva. Algumas não têm sequer consciência de sua raiva. Essa é uma forma de ato inconsciente. A autoconsciência e a autogestão requerem constante vigilância. Apresento a seguir alguns exercícios para ajudá-la a desenvolver essas duas qualidades da inteligência emocional:

- **Pergunte sempre a si mesma: "O que estou sentindo neste momento?":** essa medida vai ajudá-la a aperfeiçoar a consciência de suas emoções e a desenvolver um vocabulário adequado para as descrever. Se fizer essa pergunta enquanto estiver sentada, muda, assistindo a uma reunião monótona e a resposta for "frustração", pense na causa disso e no que é possível fazer para mudar o quadro. Se você está frustrada, os outros provavelmente também se sentem assim. A capacidade de entrar em contato com seus sentimentos reduz o risco de agir com inconsciência e se prejudicar em razão disso.

- **Mantenha um diário:** muitas pessoas se sentem melhor ao escrever seus pensamentos em vez de apenas ruminá-los mentalmente. Um diário poderá, com o tempo, ajudá-la a mapear seus sentimentos e a descobrir padrões de comportamento dos quais talvez você não tenha consciência.
- **Mexa-se:** não é sem razão que tantos homens executivos passam boa parte de seu tempo livre nas academias. Eles sabem que, além de manter a boa forma física, os exercícios contribuem com o bem-estar emocional. Ciclismo, corrida, tênis ou qualquer outra atividade que favoreça a liberação de endorfinas ajudarão você a manter o bom humor e a controlar as emoções negativas, reduzindo as crises de estresse.

CONSCIÊNCIA SOCIAL E ADMINISTRAÇÃO DE RELACIONAMENTOS: O FOCO EXTERIOR

As mulheres são excelentes nestas áreas. Desde a infância, elas devem submeter-se a certos protocolos sociais (ajuda nos cuidados do irmão menor, festa de 15 ou de 18 anos, namoro, noivado e casamento, por exemplo), e a responsabilidade de gerir as relações familiares, sociais e profissionais recai com freqüência sobre seus ombros. Pense nisso. Quem nota primeiro que o casal de amigos que os convidou para jantar está cansado e é hora de ir embora – você ou seu marido? Qual dos dois é capaz de perceber que o bebê está a ponto de se derreter em lágrimas? Essa habilidade requer de fato o que a escritora Anne Morrow Lindbergh chamou de "rendição" ao momento. Há, porém, algumas coisas que, de modo geral, dificultam a manifestação dessas qualidades: a preocupação excessiva com os próprios problemas e pensamentos, a necessidade de ter sempre razão, o desejo de controlar a situação ou a convicção errônea de saber o que os outros sentem ou têm vontade de dizer. Isso lhe parece familiar?

Quantas vezes você já perguntou a uma amiga se havia alguma coisa errada ou comentou com seu parceiro que ele parecia estar a quilômetros de distância? Essa conduta está relacionada à consciência social – a capacidade de detectar sinais verbais e não-verbais que quase sempre revelam mais que as palavras. Quando evita tocar em um assunto difícil por sentir que o momento é inadequado, você demonstra capacidade de administrar relacionamentos – o uso do poder de percepção para abordar ou evitar determinados temas, conforme as circunstâncias o exigirem. Tive uma cliente, Sabrina, que não apenas era inconsciente dos próprios sentimentos como também não percebia as reações nem as emoções dos outros. Chiyo Maniwa, por outro lado, tem uma história oposta.

Conheci Chiyo cerca de dez anos atrás durante um programa de formação de equipes que eu conduzia para um grupo de executivos do qual ela participava. Desde o início, a habilidade de expressar seu ponto de vista e ao mesmo tempo de assimilar a opinião dos outros destacou-se de modo marcante. Era capaz de interpretar as emoções do grupo e, portanto, de ajudar a superar os conflitos que surgem naturalmente durante uma discussão. O sucesso profissional dela, que acompanho de perto há anos, deve-se em grande parte a sua consciência social e habilidade de administrar relacionamentos. A própria Chiyo resume sua experiência:

> Meu desafio na liderança do grupo em que me encontro hoje, de assistência social a adolescentes grávidas, foi o fato de que eu vim de um ambiente muito diverso no qual se adotava um paradigma oposto. Sempre exerci um tipo informal de liderança, mas ao assumir a posição atual tornei-me imediatamente a "administradora" e era considerada uma adversária. A história de minha vida esteve sempre inserida num contexto de mudança política e social em que todos trabalhavam em conjunto para alcançar um objetivo comum.
>
> O tipo de interação que encontro ao lidar com uma geração mais jovem tem sido muito diferente do início de meu trabalho social, ligado a adultos e idosos. Não era só uma questão de aceitação, mas também da ampliação de minhas perspectivas, que poderiam ser enriquecidas por uma visão mais fresca e renovadora. Aprendi, assim, que é preciso muita calma e abertura para dar *feedback* aos jovens. Aprendi ainda que motivar a força de trabalho hoje em dia é um ato de equilíbrio – não devemos ser nem muito liberais e flexíveis nem autoritários demais. A nova geração quer flexibilidade e orientação. Preciso aprender a evitar posturas reativas mesmo em uma organização na qual a crise é a regra. Há muito trabalho que os líderes precisam realizar em si mesmos antes de conduzir os outros.

Mesmo sem saber, Chiyo demonstrou inteligência emocional superior ao adaptar seu estilo de liderança e suas expectativas às necessidades dos colaboradores. À semelhança de muitas outras mulheres que entrevistei, ela é guiada por um conjunto de valores bem definidos, faz uso deles para consolidar relações fortes que a ajudam a realizar as metas organizacionais e não tem medo de admitir que ainda há muito a aprender para se aperfeiçoar em seu trabalho.

Desenvolva o QE da consciência social e da capacidade de administrar relacionamentos

Embora as mulheres obtenham melhores resultados que os homens nesses dois componentes da inteligência emocional, elas freqüentemente confundem sinais neutros com sinais negativos ou críticos. Dessa forma, o desenvolvimento da consciência social e da capacidade de administrar relacionamentos, para elas, não é tanto uma questão de fazer *mais*, e sim de fazer de maneira *mais acurada.*

Se você tiver consciência de seus sentimentos, será mais fácil tornar-se uma observadora e mais perspicaz dos sentimentos alheios. Essa qualidade evitará que projete suas emoções sobre as outras pessoas ou em situações nas quais essas emoções nem sequer caberiam. Para conseguir isso com mais facilidade, experimente algumas das seguintes sugestões:

- **Pergunte mais:** é comum fazermos, com certa freqüência, deduções errôneas sobre os sentimentos das outras pessoas. Se você notar uma expressão crispada na fisionomia de alguém, não julgue tratar-se de um sinal de raiva nem de aborrecimento. Talvez a pessoa esteja simplesmente *pensativa.* Se não tiver certeza do significado da linguagem não-verbal, seja cautelosa e pergunte.
- **Tente identificar os sentimentos:** essa técnica ajuda os interlocutores a entender mais profundamente o conteúdo emocional das mensagens faladas. Um exemplo: a professora de seu filho diz: "Já pedi muitas vezes ao menino que não perturbe a classe depois de concluir suas tarefas, mas ele não me atende". Na tentativa de identificar o que a professora de fato está sentindo, você faz eco à frase dela: "Parece que ficou muito frustrada com essa desobediência a seus pedidos". Mesmo que você erre o alvo, a outra pessoa lhe dará uma pista clara dos próprios sentimentos. No exemplo, a professora poderia acrescentar: "Não se trata de frustração, e sim de que ele não tem demonstrado respeito pelos outros alunos. Essa é uma lição que seu filho precisa aprender". Você tem agora a noção exata do que a moça sente e pode dar uma resposta mais adequada.
- **Procure compartilhar seus sentimentos e expressar suas necessidades:** se você se mostrar sensível aos sentimentos dos outros, mas ignorar as *suas* necessidades, dificilmente será uma boa líder. Existe, no mundo real, uma relação de troca entre as pessoas que está na base de todas as interações. Se você, por exemplo, é capaz de entender os motivos que levaram um de

seus colaboradores a cometer um erro, isso não quer dizer que tenha a obrigação de tolerar a repetição insistente desse erro. Se o funcionário persistir na atitude negativa, você vai atender à necessidade dele – e também à sua – se adiar uma promoção esperada e lhe explicar com muita clareza as razões dessa atitude.

QP: QUOCIENTE DE POPULARIDADE

O pessoal do escritório e eu elaboramos um teste muito "científico" para avaliar a popularidade. Chama-se "teste da cerveja" (que chamei de "teste do café" no início deste livro). Quando conhecemos uma pessoa, decidimos em conjunto se gostaríamos ou não de sair e tomar uma cerveja ou uma xícara de café com ela. Em caso positivo, a pessoa é aprovada no teste. Pensamos depois, desta vez seriamente, em desenvolver um questionário para mensurar a popularidade. Mas deparamos com um problema básico: as opiniões diferem muito quando se trata dessa questão, e o conceito de *popularidade* varia conforme o indivíduo. Não existe, portanto, uma fórmula secreta, mas as pessoas mais estimadas e populares revelam alguns traços em comum:

- Esforçam-se para deixar os outros bem à vontade em sua presença.
- Demonstram interesse genuíno pelas pessoas.
- Aprenderam a arte de ouvir.
- Sorriem com freqüência.
- Têm temperamento estável.
- Revelam empatia.
- Atraem as pessoas.
- São sensíveis aos sentimentos alheios.
- Procuram formas de favorecer a compreensão mútua.

Existe, no comportamento humano, uma escala ampla de reação ao conceito de popularidade, que varia da necessidade compulsiva de estima até a indiferença quase absoluta à opinião dos outros.

A BOAZINHA	**A MULHER MADURA**	**A FERA**
Precisa da estima de todos. Não está disposta a se arriscar a fazer nada que contrarie os outros e prejudique a boa imagem que deseja consolidar.	Age para cultivar relacionamentos sólidos e demonstra respeito pelos outros, mas é realista e sabe que não se pode agradar sempre a todos.	Desconsidera a opinião alheia. É incapaz de perceber o impacto de seu comportamento sobre os outros e freqüentemente confunde firmeza com agressividade.

Em seu livro *The Likeability Factor* [O Fator Popularidade], o especialista em marketing de relacionamento Tim Sanders apresenta algumas razões concretas de nosso gosto pela popularidade:

- Os médicos dedicam mais tempo aos pacientes de quem gostam e menos tempo àqueles que não apreciam.
- Um ambiente de trabalho positivo produz lucros e resultados superiores graças à simpatia dos funcionários e à crescente satisfação dos clientes.
- Seu sucesso no ambiente de trabalho é mais influenciado por sua popularidade do que por seus conhecimentos.
- As pessoas, ao contrário dos animais, não conquistam o sucesso graças à agressividade, e sim graças à gentileza. Os líderes mais bem-sucedidos tratam os outros com respeito e se esforçam para conquistar a estima deles.
- No ambiente jurídico, se o réu for uma pessoa popular, despertará mais simpatia nos jurados.
- Estudos recentes sobre casamento e divórcio revelaram que a popularidade é um dos motivos básicos do sucesso da vida conjugal. As pessoas simpáticas e amáveis divorciam-se muito menos que a média geral da população, e quando os dois cônjuges são desse tipo o risco de divórcio se reduz pela metade.

Quando se trata de liderança, as pessoas populares costumam ganhar a cooperação e a boa vontade daqueles de quem dependem para realizar seu trabalho. Por essa razão, eu me assusto quando ouço um líder dizer: "Não estou aqui para vencer nenhum concurso de popularidade". E minha resposta é sempre a mesma: "Sim, você está aqui para isso". Há alguns meios muito simples de aumentar seu nível de popularidade:

- Memorize o nome das pessoas que convivem com você – mesmo que não interaja regularmente com elas nem tenha necessidade de seu apoio.
- Sorria para as pessoas que passam por você no ambiente de trabalho.
- Quando uma pessoa fala com você, interrompa o que está fazendo e preste atenção no que ela diz.
- Procure lembrar-se do que as pessoas lhe contam e demonstre interesse fazendo perguntas posteriores.
- Evite piadas e comentários que mesmo remotamente poderiam ser ofensivos.
- Aprenda a rir de si mesma.
- Admita seus erros – seja humana, e não perfeita.

INTELIGÊNCIA POLÍTICA: UMA FORMA SINGULAR DE INTELIGÊNCIA EMOCIONAL

Durante o processo de criação deste livro, precisei fazer uma pausa para submeter-me a uma pequena cirurgia. A médica que me atendeu era ótima, mas seus assistentes deixavam a desejar. Por falta de planejamento ou por qualquer outra razão, só me avisaram na véspera a data e o horário programados para o procedimento. Além disso, não comunicaram ao hospital a necessidade de fazer alguns exames pré-operatórios, de modo que, ao chegar, não pude ser atendida da maneira prevista.

Felizmente para mim, tenho uma vizinha que trabalha no mesmo hospital. Muito hábil e conhecedora dos segredos da inteligência política aplicada ao ambiente profissional, ela interferiu em meu favor: conseguiu o melhor anestesista e todos os equipamentos necessários para realizar os exames e a cirurgia na hora marcada, impedindo um adiamento que parecia inevitável. Como se não bastasse, teve ainda a gentileza de agendar para mim uma visita a um especialista muito requisitado que havia tempos eu tentava, em vão, consultar. Diante disso, cabe uma pergunta: por que as mulheres consideram a política no ambiente de trabalho uma atividade indesejável que deve ser evitada?

A política (exercida no Congresso, em casa ou no escritório) nada mais é, na verdade, que uma questão de relacionamento – e as mulheres são exímias nisso. Com atitudes políticas, ou diplomáticas, você se capacita a fazer um trabalho eficiente com a máxima cooperação das pessoas e o mínimo de estresse geral. A escritora Kathleen Kelley Reardon acompanha atentamente o cenário político norte-americano e escreve muito sobre o tema. Publicou dois livros de destaque: *The Secret Handshake: Mastering the Politics of the Business Inner Circle* [O Aperto de Mão Secreto: Como Dominar a Política do Círculo Fechado dos Negócios] e *It's All Politics: Winning in a World Where Hard Work and Talent Aren't Enough* [Tudo É Política: Como Vencer num Mundo Onde o Trabalho e o Talento Não Bastam]. Ambos estão cheios de conselhos práticos, incluindo as sugestões transcritas abaixo, que ajudarão você a construir "relacionamentos que tenham como base a inteligência política".

Conheça os desejos e as necessidades dos outros – atenda-os e avise-os do que você conseguiu

Já comentei sobre a importância de sermos boas observadoras do comportamento humano. Isso se torna particularmente necessário quando precisamos saber o que as outras pessoas apreciam para entregar nossos produtos ou serviços com valor agregado. Mas só isso não basta. Inúmeras mulheres presumem que os outros vão *notar* o esforço, o talento e a habilidade que investiram na realização de seu trabalho ou no atendimento perfeito aos clientes. Contudo, segundo Kathleen Reardon, "as pessoas estão sempre muito ocupadas para prestar atenção no que você faz". Um bom recurso para corrigir essa falha é informar seu chefe sobre uma tarefa concluída. Em vez de simplesmente avisar, por exemplo, que determinado projeto se completou, você pode dizer: "Estou orgulhosa em comunicar que minha equipe concluiu o projeto duas semanas antes do prazo e com orçamento 15% abaixo do previsto". Como diz uma de minhas amigas: "Se você não tocar seu trombone, ninguém vai saber que está na banda".

Saiba lidar com a reciprocidade

Mencionei várias vezes a idéia implícita de troca inerente a todos os tipos de relação, isto é, o constante intercâmbio de favores, informações, assistência, amizade e assim por diante. Se você ainda não se deu conta desse processo, está cometendo um erro – não por perder a melhor parte da barganha, e sim por deixar de *dar* sua contribuição, desmerecendo desta forma a chance de receber algo em troca no futuro. Sou plenamente a favor da lei do equilíbrio entre dar e receber. Por isso, vou repetir uma de minhas frases favoritas: *quando você precisar de um relacionamento, será tarde demais para cultivá-lo.*

Desenvolva seu "banco de favores"

Você talvez se pergunte que tipo de favor poderia oferecer aos outros. Creia-me, há ao seu redor uma intensa troca de favores a cada momento – alguns mais evidentes que outros. Gosto de citar o caso de uma cliente que, durante sete anos, pedia-me que redigisse para ela planos de ação destinados a seu departamento. Eram calhamaços de papéis enfadonhos a preparar, mas todo ano me submetia ao "sacrifício", feliz por poder prestar essa ajuda. Algum tempo depois da última vez em que nos falamos, nós duas nos mudamos para cidades diferentes. Certo dia, porém, recebi um telefonema dela. Contou-me que uma colega recém-chegada da Indonésia precisava de consultoria para a realização de alguns projetos que seriam implementados em seu país natal. Concordei em atendê-la. Resumindo uma longa história, pois isso aconteceu há mais de duas décadas, ainda hoje vou duas ou três vezes por ano à Indonésia para trabalhar nesses projetos. A moral desse episódio é: *você nunca sabe que benefícios um favor feito a alguém poderá lhe trazer.*

Surpreenda as pessoas agradecendo-lhes os favores inesperados

Kathleen Reardon afirma que os favores inesperados não são sempre os mais óbvios: "Se alguém veio ao seu encontro para lhe prestar um favor, um agradecimento imediato é necessário. Se a pessoa, porém, apenas falou com você de passagem, o impacto de um bilhete de agradecimento por alguma sugestão que ela lhe deu será muito maior se o enviar vários dias depois. As demonstrações de gratidão e consideração sempre tocam aqueles que as recebem".

A gratidão deve ser proporcional ao favor recebido

Tenho por hábito prestar de boa vontade os favores que as pessoas me solicitam sem esperar retribuição, pois sei que a vida me recompensará com sabedoria quando eu menos esperar e mais precisar disso. Contudo ainda me surpreende o fato de recordar até hoje um incidente ocorrido há muito tempo, talvez porque seja um exemplo perfeito da importância da gratidão adequada. Um cliente meu precisava de pessoal especializado para conduzir um programa de treinamento implementado pela empresa que dirigia em algumas de suas unidades sediadas em outros países. Esse não era apenas um contrato financeiramente vantajoso como também divertido, pois ficaríamos hospedados em hotéis luxuosos de regiões exóticas e as contas seriam pagas pela empresa. Recomendei um de meus colegas para participar da equipe de consultoria. Além desse contrato, ele conseguiu outros e trabalhou com a organização durante muito tempo. Enviou-me, certa ocasião, um presente que não veio acompanhado de nenhuma mensagem pessoal. Embora eu tenha apreciado a gentileza, o presente não correspondia à magnitude do favor que lhe fizera. Um cartão com algumas palavras de reconhecimento pela confiança que depositei nele ao indicá-lo teria sido muito mais significativo para mim. Mas a recomendação de meus serviços a um de seus inúmeros clientes teria sido melhor ainda!

Dê crédito às pessoas mesmo que não seja necessário

É bem provável que seus pais – como todos – gostassem de citar um ditado em cada situação. Talvez um dos preferidos fosse? Um dos preferidos dizia: "É com mel que se apanham moscas". Este tópico trata justamente do mesmo tema. O respeito pelas pessoas e as tentativas de reforçar até mesmo os menores pontos de concordância ajudam muito na consolidação de relações politicamente eficientes – e não custam nada. Em vez de procurar pontos de *discordância* naquilo que os outros dizem, descubra os pontos comuns, que lhe permitem *concordar* com eles como um meio legítimo de lhes dar crédito. Eis alguns exemplos:

- Gosto do que você diz sobre a necessidade de buscar outras opções. Acho que estava concentrada em nosso estilo tradicional de fazer as coisas. Vamos experimentar e ver que alternativa será a melhor.
- Agradeço pela seleção prévia de todas essas informações. Isso me ajudou a verificar o que ainda precisamos fazer. Deixe-me agora passar a você algumas novas diretrizes para a conclusão de seu trabalho.
- Você presta muito mais atenção nos detalhes do que eu. Vamos pensar agora na melhor forma de ligar todos os pontos para chegar à melhor solução.

Estabeleça conexões

Ao contrário da consolidação de boas relações, o estabelecimento de conexões requer apenas que você entre em contato com as outras pessoas. Como já deve ter notado, mencionei neste livro várias histórias das quais tive conhecimento graças a contatos feitos com gente que encontrei em vários eventos e atividades. Existem algumas pessoas cujo contato pode ser especialmente valioso em determinadas circunstâncias de nossa vida pessoal e profissional. Por isso, é sempre conveniente obter informações que nos permitam encontrá-las no futuro. É assim que se estabelecem conexões, as quais algumas vezes se transformam em relacionamentos duradouros e até em amizades.

Esconda o jogo

Os jogadores de pôquer sabem que devem manter suas cartas próximas ao corpo para não revelar os trunfos que têm nas mãos antes do momento certo e não pôr tudo a perder. As mulheres quase sempre acreditam na necessidade de compartilhar *tudo* o que sabem sobre um assunto ou cada informação que obtêm de um projeto qualquer, o que pode ser um erro grave. Conhecimento é poder, e há ocasiões em que guardá-lo para si mesma é a melhor alternativa. Mas isso não significa que, na condição de líder, você deva isolar-se e evitar laços de amizade com seus colaboradores e colegas. Observe como os homens constroem sólidas relações profissionais sem nunca chamá-las de "amizades". Faça como eles: você precisa de conhecimento e informação, mas também precisa aprender a administrar o aspecto de reciprocidade desse processo. Kathleen Reardon tem uma sugestão sobre a melhor maneira de lidar com as pessoas que tentam obter informações que você não está disposta a dar: recorra à "abertura aparente". Isso significa o fornecimento de dados que, embora novos para os outros, não representam nenhum risco para você.

Sugestões para aperfeiçoar seu QP e seu QE

61. ***Leia livros sobre QE.*** Este tipo de leitura dará a você a oportunidade de avaliar seu QE, o que será uma boa forma de identificar suas necessidades de desenvolvimento nessa área.

62. ***Solicite* feedback *de 360 graus.*** Esta é a melhor maneira de ver a si mesma como os outros a vêem. Há três perguntas muito reveladoras a fazer, normalmente relacionadas à inteligência emocional: "O que faço bem e devo continuar a fazer?", "O que posso fazer melhor para ser mais eficiente?", "O que posso fazer menos para ser mais eficiente?". Como acontece com todos os tipos de *feedback* ou pesquisas, prepare-se para adotar algumas novas condutas após a avaliação.

63. ***Encare a liderança como uma disciplina a ser aprendida.*** Isso significa ler bons livros sobre o assunto, freqüentar *workshops* e fazer assinaturas de revistas especializadas na área. Tornando-se uma profunda conhecedora do setor, você ficará mais confiante em suas habilidades e correrá menos risco de falhar por insegurança.
64. ***Pare de ser uma pessoa que* faz *e torne-se uma pessoa que* é.** Se não conseguir deter sua compulsão de *fazer,* não será capaz de entender o que você e os outros *sentem.* Os *workaholics* e outras pessoas compulsivas costumam usar esse comportamento para evitar emoções dolorosas ou desagradáveis. Um componente essencial da inteligência emocional é a *empatia* – que, aliás, começa em casa. Se isso se aplica a você, procure sentar-se calmamente por cinco minutos sem música, televisão ou outras distrações. Concentre-se em sua respiração e observe os sentimentos que se manifestam. Aprenda, em seguida, a lidar com eles recorrendo a livros de auto-ajuda, terapia ou, se necessário, a medicamentos que combatam a ansiedade, mas neste último caso sempre com orientação médica.
65. ***Leia sobre política no trabalho.*** Tente aprender ao máximo como conquistar esse universo e supere a hesitação diante da política profissional.
66. ***Lidere com perguntas – sobretudo se tiver tendência à crítica.*** Em vez de apontar os erros dos outros, prefira fazer perguntas que a ajudem a entender o raciocínio deles e demonstre interesse antes de expressar seu ponto de vista, mas seja honesta.
67. ***Exercite a empatia.*** Quando alguém lhe fizer confidências sobre assuntos delicados ou dolorosos, demonstre cordialidade e ouça com o coração aberto. Diga alguma coisa simples, como: "Isso deve ser mesmo muito difícil para você" ou "Lamento saber disso". Quando se trata de empatia, é melhor pecar por excesso do que por omissão.
68. ***Renda-se ao momento.*** As pessoas emocionalmente inteligentes reconhecem o momento em que devem deixar de lado as próprias prioridades para dar atenção à urgência dos outros. Isso significa, muitas vezes, abdicar da necessidade de falar e dispor-se a ouvir primeiro o que o interlocutor tem necessidade de dizer.
69. ***Freqüente os* workshops *sobre desenvolvimento de habilidades interpessoais como fator de sucesso na liderança.*** Esses programas de treinamento aperfeiçoam as habilidades interpessoais de influência necessárias à

realização das metas profissionais por meio da autoconsciência e ajudam a aprimorar as técnicas de comunicação interpessoal.

70. ***Trate todos com consideração incondicional.*** As pessoas que têm o hábito de compartilhar com naturalidade os pequenos e os grandes momentos da vida – e muitas vezes também aquilo que possuem – demonstram uma atitude positiva de consideração incondicional. Do porteiro ao presidente da empresa, sem levar em conta interesses nem opiniões pessoais, trate todos não como você gostaria de ser tratada, e sim como gostaria que sua mãe, seu marido, seus filhos e seus melhores amigos fossem tratados.

71. ***Permita sempre que os outros se sintam bem.*** *Nunca* há necessidade de embaraçar as pessoas em público nem de tomar atitudes que possam humilhá-las e prejudicar qualquer relacionamento. Mesmo nos momentos em que você está extremamente zangada – e sobretudo nessas ocasiões –, seus comentários devem ser duros com relação ao problema, mas gentis com relação à pessoa. Essa atitude não é sinal de fraqueza nem os outros tentarão tirar vantagem de você por causa disso. Trata-se apenas da melhor coisa a fazer no que se refere à inteligência emocional.

72. ***Acumule o maior número possível de trunfos políticos.*** Seja solícita prestando favores, faça elogios com sinceridade, ofereça apoio, procure saber o que é importante para as pessoas e tente proporcionar a elas o que desejam.

Capítulo 8

As mulheres na função de empresária: como liderar a própria empresa

Administrei o tipo errado de negócio,
mas fiz isso com integridade.
Sydney Biddle Barrows,
conhecida cortesã norte-americana

Você já atuou como empresária se:

- Tomou conta de qualquer tipo de barraca em quermesses.
- Organizou e conduziu festas ou eventos escolares em seu tempo de estudante.
- Elaborou e executou um plano de ação para conseguir fundos em uma organização sem fins lucrativos.
- Desenvolveu um novo produto ou sistema para seu empregador.
- Liderou um departamento dentro de uma grande corporação.

Sei que nem todas as mulheres desejam ser empresárias, mas algumas de minhas leitoras estão provavelmente na liderança do próprio negócio – de grande ou pequeno porte. Existem outras que talvez *queiram* fazer o mesmo, mas não se sentem muito seguras de sua capacidade. Em ambos os casos, as sugestões contidas até agora neste livro poderão ser úteis a vocês em vários aspectos de seu trabalho diário. A auto-avaliação apresentada a seguir vai ajudá-las a medir seu "temperamento" empreendedor. Se vocês sonham com a liderança do próprio negócio ou desejam conduzir com mais eficiência uma empresa que não lhes pertence, as histórias de sucesso relatadas neste capítulo são de grande importância, a começar com o caso de uma mulher extraordinária que soube ganhar muito dinheiro nos últimos trinta anos.

Debbi Fields, conhecida nos Estados Unidos pelas famosas roscas e biscoitos produzidos por sua empresa, a Mrs. Fields Cookies, é uma das mais bem-sucedidas e notáveis empresárias da atualidade. Sua história revela-se quase inacreditável. Ela não dispunha de credenciais, experiência comercial nem formação universitária, mas sabia fazer roscas e biscoitos maravilhosos e tinha paixão por essa atividade. Ninguém acreditava em seu sucesso, mas a trajetória de Debbi demonstrou que todos estavam errados a esse respeito. Em 1977, convenceu um banco a lhe fazer um empréstimo para financiar um empreendimento que muitos julgavam perdido antes mesmo de acontecer. Com seu lema *Nunca é bom demais,* porém, ela provou que os pessimistas estavam enganados dando início a um império de 450 milhões de dólares e 1.600 pontos-de-venda internacionais.

Poucas mulheres poderão atingir o patamar de Debbi Fields, mas inúmeras são empresárias de sucesso em setores de atividade que apreciam – e ainda ganham dinheiro no processo. Quero relatar a história de algumas dessas mulheres, muito diferentes entre si, que deram início a empreendimentos igualmente bem-sucedidos. Antes, porém, sugiro que reserve tempo suficiente para completar a auto-avaliação apresentada a seguir, cujo objetivo é ajudá-la a determinar se seus talentos de empresária estão indo na direção certa.

AVALIAÇÃO DA CAPACIDADE EMPREENDEDORA

Responda às questões dando a cada uma delas a seguinte classificação: *verdadeiro* (*V*), *falso* (*F*) ou *às vezes* (*AV*).

---

1. _______ Vejo os obstáculos como desafios a superar.
2. _______ Quando trabalho em projetos que me estimulam, perco a noção do tempo.
3. _______ São os objetivos que me orientam.
4. _______ Raramente cometo o mesmo erro duas vezes.
5. _______ Se disser que vou fazer alguma coisa, realmente a faço.
6. _______ O sucesso é importante para mim.
7. _______ Sou eu que geralmente apresento novas idéias à equipe e descubro formas diferentes de fazer as coisas.
8. _______ As mudanças não me abalam.
9. _______ Gosto de aprender coisas novas mesmo que não tenham aplicação imediata.
10. _______ Confio em minha intuição.
11. _______ Quando me dizem que alguma coisa é impossível, empenho-me ainda mais em consegui-la.

12. ______ Trabalho obstinadamente até encontrar a solução de um problema.
13. ______ Não tenho medo de assumir riscos calculados.
14. ______ Não costumo ficar estagnada na fase de análise das informações antes de tomar uma decisão importante.
15. ______ Gosto de viajar e conhecer lugares novos e exóticos.
16. ______ Recupero-me rapidamente dos reveses.
17. ______ Tenho bastante autoconfiança.
18. ______ Sou otimista: para mim, o "copo está sempre meio cheio".
19. ______ Considero os erros inevitáveis.
20. ______ Estou disposta a abrir mão do conforto no presente para obter eventuais recompensas no longo prazo.
21. ______ Prefiro caminhos e métodos novos, que poucos tentaram.
22. ______ Tomo minhas decisões com base nas informações *necessárias*, e não em *todas* as informações.
23. ______ Aprecio o trabalho independente.
24. ______ Gosto de liderar projetos e pessoas.
25. ______ Meu nome é *persistência.*

Resultado

Cada resposta *V* vale 3 pontos
Cada resposta *AV* vale 2 pontos
Cada resposta *F* vale 0

60-75: **Você não só pode como deve ter um negócio próprio.** Comece pensando naquilo que mais gostaria de fazer em sua vida e elabore planos com base nas conclusões a que chegar.

48-59: **Você tem potencial definido,** mas sugiro que examine bem os aspectos correspondentes às questões em que respondeu F ou AV e se concentre no que é preciso fazer para garantir o sucesso de um futuro empreendimento.

37-47: **A vontade existe, porém as habilidades necessárias talvez não estejam no mesmo nível.** Você terá de se esforçar muito em alguns aspectos que estão fora de sua zona de conforto ou considerar a possibilidade de uma parceria com outras pessoas que complementem seus talentos naturais.

Menos de 37: **Se não estiver sob o efeito do desejo irresistível de ter um negócio próprio,** meu conselho é que se associe a pessoas experientes para atuar em um setor que você domine por completo ou, ainda, que procure trabalhar em uma empresa de terceiros.

NOVAMENTE O TEMA DA VISÃO

Talvez a característica que mais diferencie as líderes empreendedoras daquelas que preferem trabalhar para outras pessoas seja a visão. Quando você faz parte de uma empresa, a visão fundamental já existe. Seja qual for o setor de atividade dessa empresa, há uma visão que precedeu a construção do empreendimento – quase sempre vinda de um (ou de uma) empresário(a)! Fico surpresa com o número de pessoas que desejam começar um negócio próprio, mas não sabem o que poderia ser. Os verdadeiros empreendedores costumam ter uma visão clara do que querem para ganhar dinheiro, contribuir com a formação de uma sociedade mais justa, criar um produto ou melhorar a própria vida. Trata-se de uma força propulsora que os impele à luta para realizar sua visão. Seria, portanto, muito difícil tornar-se uma empresária bem-sucedida sem uma visão.

Quando conheci Katherine Chon, durante uma conferência, não fazia idéia de que um dia ainda escreveria sobre ela. Katherine é jovem, despretensiosa e extremamente polida. Quando nossa delegação se dirigia ao bar do hotel em que estávamos hospedados, perguntei se gostaria de juntar-se a nós. Sua resposta: "Se você me convidar, irei". Eu lhe disse, mais tarde, que um convite não teria sido necessário, pois ela poderia deduzir, por minha pergunta, que seria bem-vinda. Como se vê, a timidez e a discrição também fazem parte da personalidade dos grandes líderes.

Katherine ajudou a fundar o Projeto Polaris, sediado em Washington, e atualmente é sua co-diretora executiva. A missão desse projeto é o combate ao tráfico humano e ao trabalho escravo. Apenas para dar uma idéia de minha ignorância sobre o assunto, eu pensava que essas coisas ocorressem apenas em outros lugares – e não em *meu* país. As estatísticas mostram, porém, a existência de garotas de até 12 anos que trabalham como prostitutas em regime de escravidão, obrigadas a receber, todas as noites, de dez a quinze homens para atingir a "cota" obrigatória de 500 a 1.000 dólares, dos quais não ficam com um centavo sequer. As estimativas apontam cerca de 27 milhões de pessoas sujeitas ao trabalho escravo em todo o mundo, parte delas no setor de prostituição e parte em outros setores. São trazidas para os Estados Unidos, com esse propósito, 17.500 pessoas por ano.

Durante o último ano de seu curso universitário, Katherine morava em um prédio de apartamentos ocupado por estudantes que se reuniam todas as noites para discutir questões sociais. O tema do trabalho escravo surgiu em uma dessas ocasiões, e ela ficou chocada com o que ouviu. Como acontece com muitos empresários, Katherine teve naquela noite um momento de inspiração que originou a visão concretizada mais tarde. Eis seu relato:

> A discussão daquela noite despertou minha curiosidade, por isso entrei na internet em busca de novas informações sobre tráfico humano. Constatei que essa era a terceira maior atividade criminosa do mundo e vitimava milhões de pessoas. Continuei a estudar a questão e percebi que não podia ignorá-la. Após nossa formatura, eu e um grupo de colegas idealistas fomos a Washington. Não sabíamos ainda aonde ir nem a quem apelar para conseguir os fundos necessários, mas estávamos convictos de nosso propósito de construir o que hoje se chama Projeto Polaris.
>
> Escolhemos Washington porque é nessa cidade que estão sediadas as agências governamentais, e pretendíamos realizar um trabalho político. Logo percebemos que uma agência do tipo que imaginávamos preencheria uma grande lacuna existente no movimento de combate ao tráfico. Fiquei intimidada, a princípio, pela autoridade e pelo poder do Congresso, pois não dispunha ainda da experiência que adquirimos com o tempo. Somos, hoje em dia, a única agência que combate todas as formas de tráfico humano – nacional e internacional, de mulheres e crianças, prostituição e trabalho escravo. A maioria das agências dedica-se apenas a um tipo de população, mas nós temos uma estratégia mais abrangente. A natureza direta de nosso trabalho nos ajuda a reivindicar políticas mais fortes e maior proteção para as vítimas e os sobreviventes. As redes criminosas adaptam-se depressa às mudanças, mas o governo não é capaz de fazer o mesmo, e isso desequilibra os esforços do Polaris. Nossa agência tem grande capacidade de adaptação e não teme as mudanças. Sei que foram necessários mais de 100 anos para abolir a escravidão dos Estados Unidos, e por isso temos pela frente uma longa batalha.
>
> Nunca me arrependi do que faço nem pensei em desistir. O lema do Projeto Polaris é "Imagine a liberdade" e tem significado pessoal para mim. Nunca pensei em assumir a responsabilidade de um empreendimento dessa envergadura, mas aprecio verdadeiramente a liberdade de fazer o que mais gosto. Acordo todos os dias cheia de entusiasmo por meu trabalho. Essa atividade ensinou-me o sentido real da liberdade e abriu meus olhos para o direito que todas as pessoas têm de vivenciá-la.

À semelhança de outros empresários, Katherine partiu da paixão por uma causa e pôs mãos à obra. Aprendeu fazendo. Identificou uma necessidade e luta para atendê-la. Tornou-se perita em sua área não pela formação acadêmica, mas graças ao aprendizado que adquiriu na luta contra o tráfico humano. Seu conhecimento sólido também influencia outros líderes. O fato de não estar presa à estrutura rígida de uma organização lhe permite agir com muito mais liberdade. Ela tem um plano estratégico, mas é inteligente o bastante para saber que esse plano precisa ser flexível e atender às necessidades prioritárias. Sem nunca ter lido um livro sobre liderança, Katherine hoje conduz uma agência que faz diferença no mundo. Quantos poderiam dizer o mesmo?

Lições de empreendedorismo

- Mesmo que não seja perfeitamente clara de início, sua visão vai ditar os rumos que você deve tomar e, com o tempo, se tornará mais nítida.
- Uma visão apenas não basta. É preciso desenvolver uma estratégia para realizá-la.
- A paixão é essencial para que o empresário tenha energia suficiente e enfrente o número de horas de trabalho necessárias à obtenção do sucesso que merece.
- Mergulhe no aprendizado de todas as facetas de sua área de atuação – torne-se uma especialista cuja opinião todos procuram.
- Não se deixe desencorajar pela competição – você poderá destacar-se pela oferta de serviços melhores, mais rápidos ou mais centrados nos clientes.
- Seu empreendimento deve ser coerente com seus valores.

SEJA UMA EMPRESÁRIA AFILIADA

Nem todas as empreendedoras têm a idéia de começar a erguer do nada um negócio próprio – e isso não desmerece seu sucesso como líderes. Muitas mulheres que sonham tornar-se empresárias desconsideram a alternativa de afiliar-se a marcas de renome consolidado. Ocorrem, todos os anos, inúmeras exposições que abrem oportunidades de afiliação ou franquia de grandes nomes do mundo dos negócios. Muitas delas custam centenas de milhares de dólares, mas há outras acessíveis a orçamentos bem mais modestos.

Anne Newbury era uma jovem dona-de-casa e tinha um filho de 4 anos e um bebê de 6 meses quando foi a Dallas, no Texas, visitar sua prima – quase quarenta anos atrás. Ambas falaram sobre o interesse de Anne em voltar a trabalhar como professora em período integral. Seu marido tinha um bom emprego, mas não havia dinheiro suficiente para o que ela descrevia como "extras". A prima então sugeriu que Anne se tornasse uma consultora de beleza independente de Mary Kay. Essa conversa alterou o curso da vida da jovem muito mais do que se poderia imaginar.

Embora as representantes da empresa de cosméticos Mary Kay trabalhem de forma independente, recebem constante treinamento, orientação, reconhecimento e afiliação da estrutura corporativa. É preciso ter, sem dúvida, determinados traços de personalidade para trabalhar com vendas diretas, mas as pessoas corajosas e determinadas encontram na fórmula de Mary Kay um caminho imbatível para o sucesso. Anne é uma pessoa desse tipo, e você poderá constatar o que digo ao ler sua história:

> Trabalho com os produtos de Mary Kay há 37 anos e exerço, além disso, a função de diretora nacional de vendas há trinta anos. Sou atualmente a diretora de vendas número 1 da empresa no mundo todo. Após a sugestão de minha prima, verifiquei que as condições de trabalho, que me permitiam atuar em meio período e ainda dispor de tempo para cuidar da casa e das crianças, eram bastante generosas. Percebi que no curto prazo eu poderia, em um mês, ganhar mais vendendo os cosméticos de Mary Kay em meio período do que conseguiria trabalhando em período integral como professora. Esse esquema facilitava o controle das horas de atividade externa e do tempo que restava para passar com a família.
>
> Adorava receber as recompensas que a empresa oferecia quando alcançava as metas de venda estabelecidas em cada promoção. Quanto mais conseguia, mais motivada eu ficava. Até hoje, quando as pessoas me perguntam se já não ganhei bastante dinheiro, respondo honestamente que não é mais uma questão de dinheiro. Desde que encontrei meu caminho profissional, eu me dei conta de que posso sempre fazer mais e, por sua vez, ajudar os outros a fazer mais. Mary Kay estava certa quando disse: "Você não pode atingir o topo sem levar também algumas pessoas". Minha mãe temia, no início, que o sucesso me afastasse demais das crianças, mas isso não aconteceu. Eu podia buscá-las na escola, orientá-las nas lições de casa e levá-las para passear aonde quisessem ir. O horário de trabalho flexível me permitia tudo isso. Você sempre encontrará pessoas prontas a criticar seu estilo de vida, suas decisões e seus horários de trabalho. Descobri que perderia um tempo precioso se me preocupasse com isso, pois o que os outros realmente querem dizer quando nos criticam é: "Acho que você está fazendo mais do que eu conseguiria fazer".

A história de Anne serve de lição às mulheres que desejam tudo da vida – auto-estima, independência, convívio com a família e segurança financeira, além de fazer a diferença. Como a maioria das moças de sua geração, Anne escolheu a carreira de professora, mas, ao contrário de muitas mulheres de *qualquer* geração, ela liderou um empreendimento dentro de outro empreendimento, o que lhe trouxe resultados que nem mesmo em seus sonhos mais loucos seria capaz de imaginar. Por causa das circunstâncias de sua vida na época, Anne dificilmente teria trocado o magistério por outra atividade que exigisse o investimento de muito tempo ou de muito dinheiro. Se você se encontra em situação semelhante, a alternativa de um empreendimento afiliado talvez seja o ideal para seu caso.

Lições de empreendedorismo

- Explore possibilidades de empreendimento que se ajustem a seu estilo de vida. Se tiver filhos ainda pequenos ou um casamento tradicional, um negócio que exija viagens freqüentes ou longas horas de trabalho não servirá para você.
- Pese as possibilidades financeiras sem perder de vista a realidade. Quando Anne percebeu que poderia ganhar mais dinheiro trabalhando por meio período do que lecionando em período integral, não teve dificuldade para tomar uma decisão.
- Seja uma orientadora. Vai chegar o momento em que seu negócio irá alcançar também a estabilidade desejada e você terá mais tempo para devotar a outras pessoas que também alimentam o sonho da independência. Adote a filosofia que diz: *Cada um de nós ensina alguma coisa a alguém.*
- Não permita que os pessimistas abalem sua auto-estima nem suas decisões. Lembre-se de que seu bem-estar e seu sucesso não dependem da boa vontade dos outros. Conforme Anne sugere, não perca tempo com os invejosos e siga seu caminho.

LIÇÕES APRENDIDAS EM VINTE ANOS DE CONSULTORIA

Quero compartilhar com você, leitora, as experiências pessoais que tive como empresária nos últimos vinte anos. Percebi da maneira mais dolorosa que, ao falar daquilo que favoreceu meu sucesso no mundo dos negócios, sou acusada (quase sempre pela imprensa) de pretensiosa, egocêntrica e arrogante. Creio que, se eu fosse homem, as mesmas declarações seriam consideradas um relato modesto da melhor forma de se obter êxito. Não sou um homem e decidi, portanto, escrever sobre meus sucessos *e* meus fracassos. Penso às vezes que os fracassos foram as melhores lições, mas o fato é que ambos tiveram importância fundamental em meu desenvolvimento como líder empreendedora. Houve momentos em que intuitivamente acertei, no entanto não se engane: houve também certos momentos em que intuitivamente errei. Acreditava contar com meu instinto certeiro, contudo nem sempre isso se confirmou. As ilustrações das carinhas "feliz" ou "triste" que acompanham cada lição apresentada a seguir significam que aprendi com meus erros ou por meio de intuições corretas.

LIÇÃO 1
Cuide do marketing pessoal

Comecei minha carreira na área acadêmica e depois, em 1976, passei a trabalhar para o mundo corporativo na subsidiária de uma empresa de petróleo. Minha intenção era permanecer apenas alguns meses, enquanto durasse a execução do projeto para o qual eu fora convidada, mas aos poucos fiquei muito envolvida com o setor de recursos humanos e com o dinheiro que poderia ganhar, muito mais do que me proporcionava o trabalho no ambiente acadêmico. Uma de minhas atribuições era redigir a descrição das várias funções existentes depois de entrevistar as pessoas que as executavam. Após a conclusão desse projeto, percebi que gostaria de ficar na empresa. Fiz então uma proposta ao gerente de recursos humanos na qual demonstrava como poderia ajudá-lo na tarefa de recrutar, contratar e motivar uma força de trabalho tão diversa. Para minha satisfação, ele aceitou a proposta e me contratou para trabalhar em período integral. Assim se iniciou uma carreira de três décadas na área de recursos humanos. Embora não soubesse disso na ocasião, aquela foi minha primeira lição de empreendedorismo e mudou o curso de minha vida profissional.

LIÇÃO 2
Nunca venda a alma ao diabo

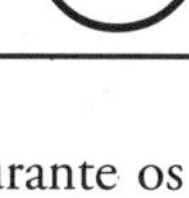

Após dez anos de trabalho no setor de recursos humanos, durante os quais tive a oportunidade de acompanhar e conhecer praticamente todas as funções existentes dentro de uma empresa, percebi que minha experiência como funcionária corporativa chegava ao fim. A estrutura, as regras e as expectativas organizacionais tornaram-se estranhas para mim e passei a odiar aquela rotina cheia de horários e procedimentos. Além disso, havia toda uma hierarquia a exigir que cada um de nós soubesse seu lugar – lição que nunca consegui assimilar inteiramente. Aprendi logo, porém, a ceder diante das opiniões dos executivos mais graduados e a aceitá-las sem discussão para não ferir egos. Estava presa a um mecanismo para o qual não fora talhada por causa da promessa de dinheiro e prestígio. E meus sonhos de realização pessoal ficariam perdidos se me sujeitasse por mais tempo àquele modelo corporativo.

LIÇÃO 3
Não seja imprudente. Planeje seu futuro financeiro

No período em que trabalhei como funcionária corporativa, tive várias chances de participar dos benefícios financeiros oferecidos pela empresa, entre eles o investimento de uma pequena quantia mensal para formar um fundo de previdência privada. Porém eu estava com 25 anos de idade e tinha a vida e toda uma carreira pela frente. Em minha imaturidade, o compromisso de empenhar certa quantia mensal em um fundo no qual não poderia mexer antes dos 55 ou 60 anos não me atraiu nem um pouco. Queria aproveitar todo o meu salário. Hoje tenho outro ponto de vista: bastaria contribuir com uma pequena cota mensal descontada do contracheque para dobrar o investimento no longo prazo. Mas eu tive esse bom senso? *NÃO!*

LIÇÃO 4
Quando trabalhar para uma empresa, aproveite os benefícios para realizar suas metas

Durante o cinco anos seguintes, exerci várias funções no departamento pessoal, que mais tarde passou a ser chamado de setor de recursos humanos. A razão de ter solicitado essas transferências de função era uma só: estava entediada. *Peçam-me que faça alguma coisa nova* era meu lema. Felizmente a empresa mantinha um programa de educação, e após cinco anos voltei a trabalhar em minha tese de doutorado. Essa foi, sem dúvida, uma decisão acertada, porque a companhia bancou a maior parte das despesas do curso. Ainda não me sentia realizada e vivia apenas do salário, mas consegui meu doutorado em Psicologia.

LIÇÃO 5
"Conhece-te a ti mesma"

Sempre alimentei o sonho de me tornar psicóloga. Queria ajudar as pessoas, e essa me parecia a melhor maneira de fazê-lo. Nunca, porém, analisei outras possibilidades de carreira. Nunca investiguei se essa era de fato uma profissão adequada para mim. Não convivia com outros psicólogos nem procurava conversar com gente da área para conhecer melhor a atividade. Apesar de tudo isso, após cinco anos de curso noturno e trabalho duro durante o dia, finalmente me formei e deixei o emprego para abrir meu consultório e dar início à prática da psicoterapia. Nenhum de meus amigos considerou essa uma boa idéia. Minha mãe declarou que o fato de eu estar "desempregada" lhe causava um bolo no estômago. Minha melhor amiga me perguntou por que eu desistira de uma posição tão lucrativa e de prestígio. Depois de algum tempo comecei a achar que eles estavam certos. Uma profissão que me obrigava a ficar o tempo todo sentada em uma sala, dia após dia, não era compatível com meu grau de energia. Eu havia trocado uma forma de confinamento por outra.

LIÇÃO 6
Faça a lição de casa. Pesquise e estude as melhores práticas antes de agir

Decidi então me tornar palestrante e oferecer seminários para mulheres durante os quais poderia orientá-las na tomada das melhores decisões na escolha da carreira. Elaborei o programa, reservei espaço e horário em hotéis e salas de conferência, cuidei da divulgação e comecei a torcer para tudo dar certo. Haveria com certeza bastante procura por meus seminários, eu pensava. Tinha, afinal, muito conhecimento a compartilhar sobre a condição feminina no trabalho. Mas você pode imaginar o que aconteceu. Foi uma batalha a ser vencida. Pedi e obtive apoio de minhas amigas, que compareceram aos primeiros eventos para salvar as aparências, evitando o constrangimento de platéias reduzidíssimas, e ajudaram muito na divulgação boca a boca, mas tudo em vão. Eu confiara demais em minha intuição e não fizera toda a pesquisa necessária. Não é fácil promover seminários públicos, por isso tantos palestrantes preferem os programas internos, nos quais a presença dos clientes fica garantida. Mas aprendi a lição. Nessa altura, minhas economias estavam quase esgotadas e precisei hipotecar a casa. Não me lembro, durante meus vinte anos de experiência como empreendedora, de ter sentido tamanho desânimo nem de ter duvidado tanto de minha capacidade de vencer por meios próprios.

LIÇÃO 7
Assuma riscos coerentes com sua área de competência

Recebi logo depois disso um telefonema que mudou minha vida. Era de uma executiva que eu conhecera durante os anos de trabalho corporativo e agora ocupava a chefia do setor de treinamento de uma grande empresa. Ela queria que eu atuasse como *coach.* Não é demais lembrar que em 1986 a atividade de *coaching* apenas dava os primeiros passos. Eu nem sequer sabia do que se tratava, mas estava determinada a enfrentar qualquer desafio para superar a depressão profissional em que me encontrava. Aceitei, portanto, o convite. Embora não tivesse a menor idéia de como começar, mergulhei fundo nessa nova tarefa e reuni todo o meu conhecimento sobre comportamento organizacional e humano para desenvolver um dos primeiros modelos de *coaching* executivo. É claro que, na época, ainda não tinha noção disso. Sabia apenas que precisava pagar a hipoteca de minha casa.

LIÇÃO 8
Acredite: quando uma porta se fecha, outra logo se abre

Nessa ocasião eu ainda não tinha uma longa prática de psicoterapia nem a necessária experiência na função de *coach,* portanto não me considerava boa em nenhuma das duas atividades. Embora a terapia exigisse comedimento na análise, a área de *coaching* pedia firmeza e coragem nas observações. Sentia-me, assim, muito dividida: tinha um compromisso com meus clientes, com os quais trabalhava havia quase dois anos, mas o coração indicava que me daria melhor como *coach.* Temia, sobretudo, que esse passo rumo ao desconhecido significasse apenas nova perda de estabilidade. Sabia, por outro lado, que precisava fazer alguma coisa diferente para ter paz de espírito.

Comecei, portanto, a comunicar aos clientes meu iminente afastamento da prática médica, a despedir-me deles e a indicar outros terapeutas para ajudá-los. Parece incrível, mas imediatamente após essas providências o telefone passou a tocar: eram novos clientes de *coaching*. Quando me dei conta da situação, tinha mais atendimentos nessa área do que tivera em dois anos na função de terapeuta. A compensação também era muito maior porque as corporações despertavam para a importância do *coaching* executivo.

LIÇÃO 9
Na prática individual, seus ganhos estão limitados ao número de horas de cada dia

Durante os anos seguintes, adquiri uma clientela corporativa composta de algumas das maiores e melhores empresas do mundo. Viajei à Ásia, à Europa e percorri quase toda a América do Norte orientando as pessoas para que atingissem metas mais amplas e nunca antes alcançadas em razão das mensagens equivocadas sobre sucesso aprendidas na infância. Trabalhava mais do que nunca, mas estava adorando cada minuto. Havia um único problema: não ganhava o suficiente para me considerar "rica", ou seja, *ainda não conseguira a estabilidade financeira necessária para levar a vida que desejava, livre de preocupações com dinheiro.* Creio que ainda agia, em algumas circunstâncias, como a "garota boazinha" que aprendi a ser quando criança – cuidava dos outros, era solícita, trabalhava duro e estava tudo bem. Mas não, não estava tudo bem. Eu ganhava a vida com um negócio próprio, mas não conseguia prosperar.

Certo dia, após uma sessão de *coaching* com um cliente que eu não tinha meios de ajudar sozinha, percebi que *uma* pessoa não pode fazer tudo com perfeição. As empresas pagavam bem pelo treinamento de seus empregados, mas eu estava restrita aos limites de meu conhecimento e minha competência. Ocorreu-me então a idéia de que, se os clientes pudessem ter à disposição uma *equipe* de pessoas para trabalhar com eles, os resultados seriam muito melhores. Outro fato ficou evidente: se reunisse um grupo de *coaches* sob minha liderança, eu teria lucros adicionais com as porcentagens de seus ganhos.

LIÇÃO 10
Escolha seus sócios com cuidado

Marquei uma reunião com alguns colegas que iniciavam a prática de *coaching* para discutir a possibilidade de trabalharmos juntos. Uma das participantes, que eu conhecia já havia vários anos e considerava uma boa amiga, pareceu-me adequada para o projeto que tinha em mente. Após uma breve conversa, concordamos em iniciar uma empresa que adotaria um modelo de *coaching* baseado no trabalho de equipe – inovação absoluta na época. Entrevistamos muitos candidatos e formamos um consórcio de *coaches* independentes que fariam parte de uma equipe de orientação para cada cliente. Avaliaríamos primeiro as necessidades dos clientes para em seguida compor as equipes conforme essas necessidades.

Minha sócia e eu investimos bastante dinheiro e muito tempo no desenvolvimento de material de marketing e de sistemas para consolidar a pedra fundamental do que seria nossa empresa, a Corporate Coaching International. Tínhamos a mesma visão do que desejávamos – mas não da forma como pretendíamos consegui-lo. A visão dela era mais ampla e focalizava os resultados finais de nosso negócio. A minha, mais imediata, concentrava-se na qualidade dos serviços oferecidos aos clientes. Nossa parceria se revelava aparentemente ideal, mas o tempo provou que não era bem assim. Conseguimos tocar a empresa, todavia perdemos a amizade nesse processo. Depois de apenas dois anos, dividimos o negócio e tomamos rumos diferentes. Foi uma lição dura e dispendiosa.

LIÇÃO 11
Conheça o valor de seu trabalho e cobre o que ele vale

Uma das opções mais otimistas que fiz em minha vida de empresária foi aumentar o preço de nossos serviços e esperar não perder todos os clientes por causa disso. Quando trabalhava sozinha cobrava por hora, e os clientes estavam habituados com esse método. Como parte de uma equipe, porém, eu precisava cobrar a hora de todos os *coaches* e *também* a tarifa correspondente à minha coordenação e aos custos administrativos. Isso se chama *lucro.* Em outras palavras, não receberia dinheiro apenas por meu trabalho, mas também pelo trabalho dos *outros.* Os clientes aceitariam isso? Para falar com franqueza, nem todos aceitaram. Perdemos alguns, porém o aumento do preço de nossos serviços compensou a perda. Agora eu trabalhava com inteligência e não com esforço.

LIÇÃO 12
Distribua seus serviços judiciosamente

Foi nessa ocasião que decidi dar algo à comunidade em retribuição por nosso êxito e comecei a prestar serviços de *coaching* e consultoria a algumas organizações sem fins lucrativos. Como essas agências não dispunham de grandes orçamentos, reduzi bastante os preços que costumava cobrar. A notícia de que minhas taxas eram acessíveis espalhou-se como o vento pela comunidade, e logo eu atendia mais a essas agências do que aos antigos clientes corporativos, para os quais não sobrava muito tempo. O que aconteceu então? Minha margem de lucro despencou e eu me vi diante de um novo impasse. Queria contribuir com o bem-estar da comunidade, contudo isso me impedia de ganhar o mínimo necessário para cumprir meus compromissos financeiros.

Após passar quase um ano nesse dilema, era imperativo estabelecer certos limites. Assim, selecionei apenas algumas entidades e me comprometi a prestar um dia de serviços gratuitos por mês àquelas que solicitassem. Ficaria feliz em continuar nas agências que pudessem pagar meus preços normais e indicaria àquelas que não dispunham de muita verba os serviços de outros *coaches* que estivessem em busca de trabalho. Como já disse antes, quando uma porta se fecha, logo outra se abre. Minha carteira de clientes corporativos começou a expandir-se novamente.

LIÇÃO 13
Não fale de dinheiro em festas nem eventos sociais, muito menos durante um *happy hour*

Outra lição financeira que aprendi da maneira mais difícil me custou milhares de dólares. Convidei, durante os feriados de Natal, um cliente para jantar comigo; bebemos alguns drinques e ele tentou renegociar os preços de meus serviços. Respondi que não queria falar de dinheiro, pois o jantar era uma forma de agradecimento pelo trabalho que arranjara durante o ano todo para minha firma, mas ele insistiu. Não sei até hoje se essa atitude foi ou não intencional para conseguir uma redução de preços, mas eu estava imbuída do espírito de Natal, bebera alguns drinques e, por fim, concordei em baixar nossas taxas de serviços para sua empresa.

Ele continuou a ser um bom cliente, mas meu lucro diminuiu. Aprendi que é um péssimo negócio reduzir os preços para um cliente específico porque a notícia se espalha, os demais clientes se ressentem disso – e as queixas começam. Aumentos posteriores, portanto, tornaram-se problemas sérios diante da má vontade da clientela. Eu teria feito melhor respondendo, naquele jantar, que diminuiria os preços *se* o cliente eliminasse algumas tarefas do pacote para tornar o contrato menos oneroso para mim.

LIÇÃO 14

Não trabalhe sozinha. Encontre a pessoa certa para ajudá-la e pague adiantado pela capacidade

Minha vida profissional passou, nessa altura, a sufocar minha vida pessoal. Quanto mais bem-sucedida eu me tornava, menos tempo restava para as coisas que planejara. Tinha de fazer tudo sozinha. Precisava contratar alguém que me ajudasse a cuidar da parte administrativa do negócio para poder dedicar-me inteiramente ao atendimento dos clientes.

Esse foi o aspecto positivo da lição. O lado negativo era o fato de que eu contratava, uma após outra, as pessoas erradas para exercer essa função. Percebi que, pelo salário oferecido, não conseguiria ninguém que tivesse as qualidades necessárias para atender bem à clientela, composta de empresas de grande porte que pagavam bom dinheiro por meus serviços e mereciam tratamento respeitoso e profissional.

Por sorte conheci, durante uma reunião com um cliente, a pessoa que seria minha salvação. Era uma jovem funcionária da empresa que também fazia doutorado. Como seria antiético oferecer-lhe diretamente o emprego, perguntei se poderia indicar-me alguém de seu nível para trabalhar comigo. Ela me atendeu e enviou uma amiga como candidata. Quando vi a moça, pensei: "É de uma pessoa assim que preciso". Dei a ela o dobro do salário que pagava às funcionárias anteriores porque era inteligente e competente. Se fizesse o bastante para me permitir voltar a ter uma vida pessoal, já me sentiria feliz. Para minha surpresa, porém, ela fez muito mais.

Graças a seu trabalho, eu tinha agora mais tempo para servir melhor aos clientes, para fazer marketing e implementar novas estratégias. No ano seguinte a sua contratação, os negócios cresceram 50% e, no ano posterior, outros 50% – e continuam em alta. Essa é a base da premissa que diz: *você paga adiantado pela capacidade.* Algumas pessoas definem isso como "gastar dinheiro para fazer dinheiro". O progresso dos negócios depende dos investimentos certos. Se você não estiver disposta aos sacrifícios necessários para causar uma impressão positiva de seus serviços, será melhor nem começar.

LIÇÃO 15

Nunca "baixe a guarda". Mesmo quando tudo vai bem, continue a fazer as coisas que deram bom resultado

À medida que os negócios floresciam, comecei a relaxar. Tínhamos um grupo de clientes fixos e, de fato, duas ou três grandes corporações garantiam cerca de 80% de nosso trabalho. Diminuí então o ritmo e parei de fazer marketing. Recomecei a jogar tênis e voltei à fotografia, meu passatempo preferido. Pode-se dizer que eu me deitei sobre os louros – até 11 de setembro de 2001. Tudo mudou depois desse dia por uma série de razões. Os ataques terroristas praticamente interromperam os negócios das pequenas empresas, e a economia entrou em um período de instabilidade. Várias mudanças ocorridas na alta administração de nossos clientes maiores, além dos problemas financeiros, reduziram a demanda de nossos serviços em cerca de 90%. Nosso fluxo de caixa, antes próspero, esgotou-se quase por completo.

Em dezembro daquele ano comecei realmente a duvidar da sobrevivência de minha firma. Durante algum tempo fiquei sem saber o que fazer para superar aquela situação. Estava envolvida no espírito de derrota que tomara conta da nação após os atentados. Em janeiro do ano seguinte, no entanto, recuperei minha velha disposição para a luta. Nada – nem os ataques terroristas, nem a perda de grandes clientes – poderia me deter. Estava pronta para recomeçar a batalha.

LIÇÃO 16

Tenha uma visão clara do que quer fazer e trabalhe na criação dos métodos necessários para alcançar o sucesso

Com a ajuda de nosso pessoal e dos *coaches* contratados conseguimos recuperar a firma, mas foram necessários alguns anos para atingir as margens de lucro anteriores. Perdi, nesse processo, um pouco do antigo entusiasmo para tocar os negócios. Queria me tornar palestrante, contudo para isso teria de entrar em um setor muito competitivo que exigia dedicação. Dei início então a uma atividade paralela. Meu pessoal e eu pusemos mãos à obra aprendendo tudo sobre palestras e seminários, freqüentando *workshops* e criando uma infra-estrutura de apoio para atender o que eu esperava ser um fluxo de clientes de outro tipo.

Trabalhamos durante cerca de um ano sem ganhar praticamente nada, mas pouco a pouco os chamados se multiplicaram. O telefone tocava o dia inteiro, e minha visão de ser uma palestrante bem-sucedida se tornou realidade. Estávamos, portanto, empenhados na gestão de dois tipos distintos de negócio, e era necessário aumentar o pessoal – nesse caso, alguém que me substituísse na liderança das atividades de *coaching*. Esse período configurou mais um exemplo da premissa *você deve pagar adiantado pela capacidade.*

LIÇÃO 17
Faça a lição de casa. Pesquise e estude as melhores práticas antes de agir (tive de aprender essa lição duas vezes)

Estava entusiasmada com as novas possibilidades. Embora as atividades de *coaching* se concentrassem antes nos clientes corporativos, recebíamos agora chamados de indivíduos que solicitavam nosso trabalho. Poderíamos oferecer um novo estilo de *coaching* pessoal, mas para isso seria preciso mais espaço físico e algumas adaptações na tabela de preços que tornassem nossos serviços acessíveis também a orçamentos mais modestos.

Na mesma ocasião soubemos que as salas vizinhas ao nosso escritório estavam vagas. Isso seria perfeito para ampliar nosso espaço e dar o conforto necessário aos novos clientes, portanto alugamos as salas – o que dobrou nossas despesas de aluguel. Tudo bem, pensei, *pague adiantado pela capacidade.* Mais uma vez, porém, confiei demais na intuição e negligenciei um pouco as pesquisas. Os clientes individuais aumentavam, de fato, mas não podiam pagar nem mesmo nossos preços especiais. Elaboramos para eles um programa de *coaching* que lhes custaria 2.200 dólares – uma pequena fração do que nossos clientes corporativos nos pagavam por programas de maior porte.

Você deve estar pensando agora que *não* faria um investimento de 2.200 dólares em sua carreira. Pois bem, ninguém mais fez. Elaboramos planos alternativos de pagamento que mesmo assim não cobriam nossas despesas. Após dezoito meses de aperto, decidimos mudar as diretrizes de trabalho, retornamos aos clientes corporativos e liberamos as salas adicionais, voltando a ocupar apenas o escritório original. Em resumo, minha intuição e minha visão não foram suficientes para conseguir o bom êxito nesta empreitada. A primeira lição que tive nessa área também não, de modo que precisei de mais uma para entender que deveria ter feito mais pesquisas.

Agora, após vinte anos na liderança de um negócio próprio, já aprendi muitas lições e sem dúvida há ainda inúmeras a aprender. Como você pode notar contando as pequenas carinhas que "sorriem" ou "estão tristes", aprendi muito mais com os erros do que com os acertos. Atingi minhas metas financeiras, ajudei muitas pessoas ao longo do caminho e consegui manter intactos meus valores e minha integridade. Aprendi também que sou mais resistente do que imaginava. Ainda considero o pior dia que passei na liderança de meus negócios bem melhor que o dia mais produtivo que passei trabalhando para outras pessoas. E se eu pude fazer isso – *você também pode.*

Sugestões para as mulheres empreendedoras

73. ***Siga a receita de sucesso da senhora Fields.*** Debbi Fields, fundadora da empresa Mrs. Fields Cookies, afirmou certa vez que o sucesso tem que ver com *paixão, persistência e perfeição.* Seja qual for sua área de atividade, você vai investir muito tempo e esforço em seu novo negócio. Por isso, seu foco deve concentrar-se naquilo que você gosta tanto de fazer – e faz tão bem – que nada poderá impedir seu sucesso.
74. ***Pense grande e aja com grandeza.*** Quando Tom Watson fundou a IBM, ainda não tinha negócios internacionais, mas sua visão lhe mostrava que algum dia poderia desenvolvê-los. O conceito de grande é relativo. Você talvez pode não pretender, por exemplo, ser a proprietária da maior *pet shop* do mundo, mas deve agir como se fosse. Quando comecei meus negócios, investi milhares de dólares em marketing durante uma época de orçamento magro, mas isso fez com que me sentisse forte e competitiva. Eu precisava mostrar aos clientes potenciais uma imagem "grande" – e minha firma realmente cresceu com o tempo.

75. ***Seja uma líder servidora.*** Ao contrário do que reza a crença popular, a liderança empreendedora não diz respeito a *você* – diz respeito aos outros. Diz respeito a seus clientes, fornecedores, colaboradores e seguidores, além de envolver a comunidade em que você atua. Em 1970, Robert Greenleaf cunhou a expressão *liderança servidora* para descrever como a visão, em harmonia com a ética, favorece não apenas o sucesso como também a melhoria da sociedade e da qualidade de vida. A prioridade mais alta do líder-servidor é garantir, em primeiro lugar, a satisfação das necessidades dos outros – e isso torna *as mulheres* perfeitas para desempenhar tal papel.
76. ***Aprenda a linguagem do dinheiro.*** As mulheres, de modo geral, compreendem menos que os homens os fundamentos e os investimentos financeiros. Seja qual for o tamanho ou a natureza de seu negócio, você precisa saber como torná-lo lucrativo. Nenhuma empresa que opera no vermelho pode ser bem-sucedida. Na função de líder empreendedora, você se envolverá com orçamentos, investimentos, folhas de pagamento e outras formas de administração do dinheiro. Tome aulas sobre finanças, converse com pessoas experientes nessa área e assine revistas e jornais especializados no assunto.
77. ***Antecipe os reveses e prepare-se para enfrentá-los.*** Durante a gestão dos negócios, todos encontram inevitáveis acidentes de percurso. Se souber antecipá-los, porém, você poderá vê-los como desafios a superar, e não como desastres causadores de fracassos. Por isso é fundamental a formação de uma boa rede de relações com pessoas competentes e afins que poderão encorajá-la e ajudá-la a vencer os obstáculos.
78. ***Mantenha um "arquivo positivo".*** Há dias sombrios e cheios de dúvidas na vida de todo empreendedor. Podemos receber elogios de dez pessoas, mas então ouvimos uma palavra negativa, e isso basta para questionar nossas diretrizes e a própria decisão de gerir nosso negócio. Em razão disso, sempre aconselho meus clientes a manter um arquivo com notas de agradecimento de pessoas satisfeitas com seus serviços, recortes de jornais e revistas e outras evidências físicas de que estão no caminho certo. Isso é muito importante para erguer o moral nos dias em que estamos um pouco desencorajados.

79. ***Seja como um eterno aprendiz.*** Os empreendedores freqüentemente se envolvem tanto com as operações e os desafios diários que acabam por perder informações e tendências que poderiam ajudá-los a manter a competitividade. Junte a esse panorama o fato de que as mulheres também costumam arcar com as responsabilidades domésticas e entenda por que parece às vezes tão difícil estar sempre atualizadas. Reserve pelo menos trinta minutos por semana para a leitura de revistas, jornais e livros que a mantenham em dia com as flutuações de sua área de atividade e converse sempre com outras pessoas do mesmo setor. Essa é a única maneira de crescer profissionalmente e acompanhar seus clientes.
80. ***Faça* networking *todos os dias.*** Uma boa rede de relações não apenas vai chamar a atenção sobre seus produtos ou serviços como também poderá proporcionar as conexões e as informações necessárias para gerir seu negócio com a máxima eficiência.
81. ***Escolha um local adequado.*** Caso você pretenda abrir uma loja de artigos para a prática de surfe, é evidente que a região mais fria e montanhosa do país, longe do litoral, não será o lugar mais adequado para isso. Minha recomendação é instalar seu negócio, se possível, geograficamente próximo dos pontos onde se concentra seu público-alvo. Uma boa pesquisa *on-line* poderá fornecer informações valiosas para o sucesso de sua empresa.
82. ***Peça ajuda.*** Um dos maiores erros que as empreendedoras cometem é pensar que devem fazer tudo sozinhas. Não há razão para reinventar a roda, pois você pode contar com a experiência e a orientação daqueles que trilharam o mesmo caminho antes. Muitas cidades dispõem de serviços grátis para pequenas empresas, e há também *coaches* especializados no treinamento de empresários principiantes.
83. ***Pense em afiliação ou franquia.*** Se você procura trabalho independente, mas não tem produtos nem serviços próprios para vender, o apoio de uma afiliação ou de uma franquia pode ser a solução para seu caso. Visite uma exposição de franquias (você pode obter informações *on-line*) para descobrir muitas oportunidades e vários níveis de investimento.
84. ***Explore o sistema de permuta.*** Muitos empresários, e até mesmo eu, fazem economia e ao mesmo tempo formam novas redes de relações por meio de permutas de produtos ou serviços em que não entra dinheiro. Segundo esse sistema, por exemplo, se você tivesse uma gráfica e precisasse de meus serviços de *coaching*, eu poderia atendê-la e receber em troca, em

vez de pagamento em dinheiro, uma quantidade específica de cartões de visita ou de qualquer outro material impresso que faltasse em meu escritório. O sistema de permuta requer, porém, muito critério das partes envolvidas para evitar prejuízos – financeiros ou morais. É preciso tomar cuidado para que, na troca de bens ou serviços, uma das partes não se sinta lesada.

85. ***Procure apoio.*** Existem associações sem fins lucrativos e serviços governamentais que prestam assistência aos novos empresários, fornecendo-lhes a formação, a orientação e o apoio necessários para a implementação de negócios próprios. Caso você disponha de orçamento suficiente para pagar por esse tipo de serviço, há também no mercado excelentes empresas de consultoria.

86. ***Leia livros sobre empreendedorismo.*** Quanto mais você ler, mais capacitada para o sucesso você ficará.

Capítulo 9

A preparação de nossas filhas para a liderança

Você não nasce mulher, você se torna uma.
Simone de Beauvoir, escritora francesa

Uma das perguntas que mais ouço de homens e mulheres que encontro em minhas viagens internacionais é: "O que devo fazer para criar uma filha autoconfiante?". Até mesmo as garotas educadas por famílias liberais, que as incentivam a ser e a fazer o que escolherem, se vêem bombardeadas, ao sair para o mundo exterior, por mensagens sociais sobre o que deveriam ser e como deveriam comportar-se. Essa guerra tem início na infância e se prolonga durante a idade adulta. Uma cliente contou-me que veste sua filha de 7 anos com roupas confortáveis que permitem ampla liberdade de movimentos. Ao voltar da escola certo dia, a criança lhe disse que a professora havia sugerido que ela se vestisse "como uma menina". Outra cliente comentou que matriculara sua filha em um colégio feminino com o propósito específico de lhe dar a oportunidade de aprender a se expressar livremente e de desenvolver a consciência saudável de ser uma mulher. Contou-me também que, nos torneios estudantis, as alunas de escolas mistas provocam sua filha e as colegas gritando: "Onde estão os rapazes?". As instituições de ensino, a televisão, a música e a publicidade continuam a enfatizar o ideal feminino conservador.

As meninas recebem em casa, na melhor das hipóteses, as mensagens corretas, mas ainda persiste o conflito com o papel social exigido pelo mundo externo. A Associação Americana de Mulheres Universitárias (American Association of University Women) conduziu extensas pesquisas sobre as diferenças do tratamento que os rapazes e as moças recebem durante sua experiência acadêmica. Apresento a seguir algumas das descobertas citadas no relatório da associação:

- As moças recebem atenção muito menor dos professores que os rapazes.
- As alunas afro-americanas interagem menos com os professores que as alunas brancas – apesar de suas tentativas de interação serem mais freqüentes.
- O assédio sexual que os rapazes impõem às moças – da insinuação à tentativa de estupro – está crescendo nas escolas norte-americanas.
- As contribuições e as experiências das jovens e das mulheres adultas ainda estão marginalizadas em muitos livros didáticos.
- As diferenças existentes entre os desempenhos de moças e rapazes no aprendizado de Matemática são pequenas e estão diminuindo. Apesar disso, nas escolas de ensino médio ainda se dá mais atenção e estímulo à participação masculina nas aulas avançadas e nos concursos estudantis.
- A defasagem entre a participação masculina e feminina nas atividades científicas acadêmicas não diminuiu e talvez esteja aumentando.
- Ao contrário do que ocorre com seus colegas do sexo masculino, é pouco provável que até mesmo as alunas mais competentes em Matemática e Ciências procurem carreiras científicas ou tecnológicas.
- Durante os cursos médios, verificou-se uma queda da confiança das alunas em seu desempenho de Matemática e a conseqüente redução de bons resultados.

Numerosos estudos revelam que a autoconfiança e a falta de autoconsciência características das garotas pré-adolescentes diminuem quando elas entram na adolescência. Em outra pesquisa conduzida pela professora de Sociologia da Universidade da Califórnia do Sul Elaine Bell Kaplan foi pedido que estudantes universitárias de culturas e raças diversas relatassem experiências da infância. É interessante notar que muitas das moças envolvidas no estudo lembraram o fato de ser "seguras e positivas" entre os 9 e os 10 anos de idade. *Todas* recordaram que, nessa época, a relação com as melhores amigas era "muito mais importante para a autoconsciência e a habilidade social do que o relacionamento com os meninos".

Durante a adolescência, porém, as coisas mudaram. A aparência física e as condutas consideradas adequadas a meninas bem-educadas eram enfatizadas tanto pelas famílias quanto pelos amigos e pelo meio social. A partir dessa fase, grande parte da auto-estima era determinada pelo aspecto físico. "Trata-se de um processo que se acentua à medida que a identidade passa a depender das expressões femininas enquanto as garotas aprendem a submeter-se às normas que regem a feminilidade", afirma Elaine Kaplan.

É evidente que ainda há muito trabalho a fazer se quisermos ajudar as jovens a exercer com sucesso os papéis de liderança que eventualmente queiram desempenhar – e se quisermos encorajar aquelas que nunca consideraram tal possibilidade. A aceitação das regras impostas pela sociedade não significa a sublimação de nossas melhores capacidades.

AS MELHORES PRÁTICAS QUE OS PAIS DEVEM ADOTAR

Se você deseja proporcionar a sua filha as melhores chances de obter sucesso na vida adulta, faça tudo o que puder para alimentar sua auto-estima e sua autoconfiança. Isso não significa que as crianças que não receberem esse tipo de estímulo dos pais nunca se tornarão líderes. Quer dizer apenas que a presença e o apoio deles são de importância fundamental para *favorecer* a manifestação das qualidades de liderança.

Uma das primeiras "batalhas" a surgir entre você e sua filha em geral se relaciona à escolha das roupas que ela quer usar. A maior parte das mães não tem idéia de que essa é uma oportunidade única de incentivar o senso de independência e a liberdade de expressão das meninas. A doutora Pam Brill, escritora, psicóloga e mãe de quatro jovens talentosas e autoconfiantes, conta que aprendeu muito cedo essa lição graças à filha mais velha:

> Minha primeira filha sempre gostou muito, desde pequena, de escolher diariamente as roupas que queria usar. Às vezes ela saía de casa como se fosse a um baile à fantasia. Atravessou até mesmo uma fase em que calçava, de propósito, meias que não combinavam. Acho que isso lhe dava uma sensação de segurança. As outras mães talvez olhassem para ela e se perguntassem por que não conseguia coordenar suas roupas ou quem sabe julgassem que eu não era capaz de orientá-la com relação à aparência. Mas optei por ignorar essa possibilidade. Sempre trabalhei fora e não tinha tempo nem disposição para enfrentar uma batalha diária com minha filha e muito menos para me preocupar com a opinião alheia. Preferia exercer minha autoridade materna em questões fundamentais como segurança e saúde.

A doutora Pam Brill, uma mulher inteligente, sabia que o convívio com as filhas era cheio de conflitos bem mais importantes que a escolha das roupas, mas nem todos os pais têm a segurança necessária para pensar e agir dessa maneira. Muitos deles, sobretudo os narcisistas, consideram a aparência das filhas um reflexo de si próprios e insistem para que esse reflexo seja *positivo.* Essa postura é mais prejudicial do que parece. O psicólogo Alan Rappoport, em um artigo que escreveu sobre o narcisismo dos pais, afirma que o desejo de que a filha aja no melhor interesse *deles,* em vez de agirem eles no interesse *dela*, tem três conseqüências:

- A criança aceita os valores e o comportamento dos pais como se fossem dela mesma e por isso não desenvolve a capacidade de pensar com independência.
- A menina fica conivente com os pais e chega a atitudes extremas para agradá-los.
- A filha rebela-se e contraria sistematicamente os desejos dos pais para preservar a autoconsciência.

Como você deve ter notado, não há nessa lista nenhuma conseqüência positiva que favoreça a autoconfiança nem a auto-estima. Se quiser que suas filhas tenham capacidade de liderar qualquer coisa na vida adulta – uma família, uma equipe, uma empresa ou um país –, você precisa reconhecer e reforçar as escolhas que elas fizerem desde a mais tenra idade. Isso inclui a opção por roupas, amigos, corte de cabelo, decoração do quarto e brinquedos, entre outras coisas. Há, sem dúvida, certas circunstâncias em que, por uma questão de segurança ou necessidade de ensinar habilidades sociais específicas, você deve interferir, embora sempre com muito tato e cautela. Já não tem sentido, hoje em dia, a conservadora premissa que diz: "Você precisa fazer isso porque eu sou sua mãe e quero que me obedeça".

Respeite os dons naturais de sua filha

Uma coisa é permitir que sua filha faça as próprias escolhas. Outra, muito mais complexa, é apoiar e respeitar as preferências e inclinações dela. Embora a primeira conduta esteja relacionada aos atos, a segunda tem que ver com a identidade de sua filha. É bem provável que conheçamos pais e mães que tentam pressionar as filhas a seguir a direção que *eles* julgam mais adequada – geralmente com as melhores intenções e os piores resultados. Isso costuma acontecer porque os pais não compreendem os traços *inerentes* da personalidade das crianças. Querem, assim, que a filha se comporte como eles sem saber que isso pode ser incompatível com a natureza dela. A criança pode até aceitar essa imposição e fazer com perfeição o que os pais esperam dela, mas isso não significa um desenvolvimento positivo.

Vou dar como exemplo meu relacionamento de filha única com minha mãe. Ela era comunicativa, encantadora e amigável com as pessoas. Durante toda a minha infância, sempre me estimulou a me comportar como ela nas várias situações sociais em que nos envolvíamos. Sua insistência era muito dolorosa para mim, que sou de natureza tímida e introspectiva, embora tenha aprendido a disfarçar bem essa característica. Passei boa parte da vida tentando interagir e trabalhar de acordo com as expectativas de minha mãe. Essa submissão, na verdade, nunca permitiu que me realizasse em qualquer carreira, o que por sua vez me levava a acreditar que *devia* haver algo errado comigo. Não considero coincidência o fato de que apenas após sua morte encontrei um caminho profissional e pessoal próprio. Sem julgamentos nem críticas, só então consegui afirmar-me nas coisas que realmente gosto de fazer – com muito mais facilidade e competência que antes.

Gostaria de que o livro *Nurture by Nature* [Educação pela Natureza] já existisse naqueles primeiros anos de minha vida. Trata-se de uma obra baseada no Indicador de Tipos Myers-Briggs, não por acaso o único parâmetro padronizado de personalidade em que confio e recomendo. Em uma palavra, esse indicador mensura nossas preferências, que são como filtros pelos quais experimentamos o mundo. Essas preferências, na verdade, costumam se manifestar por volta dos 4 anos e dão forma a todas as nossas características de personalidade – da profissão que escolhemos ao cônjuge que elegemos para ser nosso companheiro de uma vida inteira. Esse livro, de Paul Tieger e Barbara Barron-Tieger, traz um excelente trabalho de explicação dos tipos de personalidade e da forma como esse conhecimento pode ser valioso na solução de problemas de relacionamento entre pais e filhos. Tive a oportunidade de perguntar a Paul Tieger sobre a importância de educar as crianças segundo sua natureza. Eis a resposta:

> A auto-estima e a autoconfiança têm origem no reconhecimento e na valorização das pessoas pelo que são. A maior parte dos pais não compreende a identidade dos filhos. Além disso, quase todos esperam que seus filhos sejam como eles próprios ou como os irmãos mais velhos. Essa atitude pode causar a invalidação da verdadeira identidade da criança, que em conseqüência disso corre o risco de passar a vida toda tentando recuperar sua validação – através dos outros. A confiança deriva do uso das próprias forças. As mulheres e as garotas do "tipo pensante" não costumam obter com facilidade o reconhecimento dessa qualidade. É por essa razão que mulheres como Hillary Clinton e tantas outras encontram barreiras em sua trajetória profissional. A maneira mais saudável que os pais possuem de estimular suas filhas a realizar os próprios potenciais são o reconhecimento e a validação de suas preferências.

Para reforçar essas palavras, gostaria de acrescentar uma sugestão: evite a tendência, tão comum na maioria dos pais, de esperar o mesmo comportamento e talento de cada filho ou filha. Talvez você não seja uma mãe narcisista que deseja que os filhos ajam à sua semelhança, mas será que às vezes não cai na tentação de comparar uma criança com outra? Frases do tipo "por que você não é como seu irmão?" e "você devia tirar notas boas como sua irmã" já escaparam de seus lábios? O respeito aos dons naturais de seus filhos não justifica a tentativa de forçá-los a fazer o que *você* quer, mas significa, sim, o reconhecimento dos talentos e das preferências deles como indivíduos. Apresento a seguir outras sugestões importantes oferecidas pela doutora Pam Brill:

- *Ouça* realmente o que sua filha diz. Se lhe der atenção integral, ela se sentirá valorizada e importante.
- Faça o que sua filha pede sem julgamentos. Tenha cuidado para não usar frases que denotem crítica implícita, como: "Você não acha que seria melhor fazer isso de outra maneira?". Até mesmo as crianças pequenas sabem o que isso significa: *você* faria melhor.
- Lance mão do exemplo para passar as mensagens que devem ser assimiladas por sua filha. Se quiser que ela perceba suas ações para a conquista de um objetivo definido, estabeleça *suas* metas, converse sobre isso com sua filha e deixe que ela acompanhe os esforços que você faz para realizá-las. O sucesso não é hereditário, e sim aprendido.

Incentive o espírito competitivo

As mulheres ficam quase sempre em desvantagem quando se trata de competição. Muitas garotas, desde a infância, não apenas são excluídas das atividades que estimulam as formas saudáveis de competição como também costumam provocar reações hostis quando tomam atitudes competitivas. Como resultado, elas resistem às oportunidades de competir por alguma coisa que talvez até desejem e perdem as chances de exercer sua capacidade de liderança. Os pais podem evitar isso incentivando o espírito competitivo de suas filhas por meio da prática esportiva, por exemplo.

O envolvimento das garotas em esportes individuais *e* coletivos é fundamental. Muitas das mulheres que entrevistei reiteraram a importância singular das habilidades aprendidas nas quadras esportivas. Enquanto o esporte individual estimula sua filha a atingir a capacidade *pessoal* máxima, os esportes coletivos lhe ensinam os fundamentos da *participação* em uma equipe que depende também de seu desempenho. Se observar os Jogos Olímpicos ou qualquer outro evento esportivo, você notará a diferença entre os atletas que concorrem em modalidades individuais e aqueles que participam de uma equipe. Os ginastas, por exemplo, concentram-se intensamente na própria performance, mas os membros das equipes de basquete, vôlei ou futebol compartilham um senso de união e de camaradagem tão importante para a conquista do sucesso quanto a competência.

Outro fator a considerar na tentativa de ajudar sua filha a desenvolver o espírito competitivo é a decisão de fazê-la freqüentar uma escola só de meninas. Tive recentemente a oportunidade de falar para as alunas de um colégio desse tipo situado em Los Angeles. Como ocorre com todas as escolas só de garotas, a missão do colégio é proporcionar uma educação que eleve a auto-estima e conduza à realização do potencial pleno das alunas. Fiquei impressionada com a confiança e a segurança que aquelas meninas demonstraram, participando ativamente da palestra e fazendo perguntas sobre a realidade enfrentada pelas mulheres no ambiente de trabalho reveladoras de aguda inteligência e profundo *insight*. A questão nesse caso é: quais são os prós e os contras da educação em colégios femininos?

Um estudo feito em 2000 com mais de 4.200 alunas egressas de escolas femininas de ensino médio e conduzido pelo Grupo de Pesquisas Goodman revelou o seguinte:

- 93% das moças afirmaram que os colégios femininos proporcionam maiores oportunidades de exercer a capacidade de liderança.
- 91% constataram que esse tipo de escola dá mais relevância às necessidades acadêmicas das alunas.
- 87% afirmaram que as jovens deveriam ser incentivadas a freqüentar colégios femininos.
- 85% acharam que as escolas femininas encorajam mais que as instituições de ensino mistas a participação das alunas em atividades relativas à área de ciências, matemática ou tecnologia.
- 72% consideraram que os colégios femininos dão mais importância às necessidades pessoais e sociais das alunas.
- 71% declararam-se mais bem preparadas para enfrentar a transição para a universidade do que suas colegas formadas em escolas mistas.
- 85% alegaram ter recebido base mais sólida de cultura geral do que as alunas de colégios mistos.

- 63% disseram que as escolas femininas preparam as jovens para o "mundo real".
- As alunas formadas em colégios femininos superam os colegas (rapazes e moças) egressos de escolas mistas em todas as avaliações de competência feitas por órgãos governamentais – e a média é 20% superior.
- 94% das alunas formadas em colégios femininos freqüentam cursos universitários ou já colaram grau.
- 80% das alunas egressas de escolas femininas ocupam posições de liderança desde a formatura.

Se a educação em instituições de ensino femininas traz resultados tão positivos para as alunas, por que um número maior de pais não dá a suas filhas essa grande vantagem competitiva? Os argumentos são variados: essas escolas não representam o mundo real e, portanto, limitam as oportunidades de aprendizado de importantes habilidades de convívio social; os colégios femininos são elitistas e caros; e, finalmente, o êxodo das garotas das escolas mistas prejudica o desempenho dos alunos do sexo masculino.

As vantagens e as desvantagens de matricular as crianças (meninas ou meninos) em instituições exclusivamente femininas ou masculinas devem ser analisadas levando-se em conta os valores, a filosofia e a situação financeira da família. Essa decisão pode não apenas causar impacto sobre a filha, no caso da escolha de uma escola feminina, como também sobre os irmãos, os amigos, o círculo social dela e o ritmo natural de toda a família (horários diferentes e necessidade de comparecer a várias reuniões e eventos escolares, por exemplo). Apesar de tudo isso, se você quer ampliar as oportunidades de sucesso e elevar a autoconfiança de sua filha, parece-me evidente que a educação proporcionada pelos colégios femininos pode ser a chave que abrirá muitas portas para ela.

Estimule a independência financeira

Em meu livro *Mulheres Boazinhas Não Enriquecem*, eu falo sobre a complexa relação que as mulheres mantêm com o dinheiro.

As mulheres boazinhas não enriquecem, em grande parte, em razão das mensagens sociais que recebem durante o período de crescimento:

- Dinheiro é poder, e as garotas não aprendem a ser poderosas – aprendem a ser "boazinhas".

- O papel social feminino é o da figura maternal e conciliadora, e não necessariamente o da provedora.
- Na condição de mães e donas-de-casa, as mulheres muitas vezes não trabalham fora continuamente e são punidas por isso em termos de salário. Além disso, recebem com freqüência o rótulo pejorativo e humilhante de "carreira de mãe".
- As mulheres gastam a maior parte de seus ganhos com as crianças e a casa, enquanto os homens são mais prudentes com relação aos investimentos.
- As mulheres hesitam em pedir bônus, benefícios ou aumentos relativos ao valor que agregam à empresa em que trabalham porque não têm certeza de "merecer" essas recompensas.

A independência e as aptidões financeiras aumentam não apenas a auto-estima e a autoconfiança, como também a liberdade de escolha. É preciso ter certo nível de competitividade para adquirir riqueza, a menos que ela venha de uma herança. Liberdade de escolha significa a capacidade de iniciar um negócio próprio, deixar um emprego ruim ou mal remunerado ou conquistar uma posição de liderança. Gostemos disso ou não, dinheiro é poder. Até que tomem consciência de seu direito a uma fatia justa da riqueza mundial, as mulheres vão permanecer dependentes dos homens e continuarão a perder muitas oportunidades de liderança. Por essa razão, uma boa prática paterna (ou materna) é ensinar a sua filha o valor do dinheiro. Há muitos meios de fazer isso. A escritora e *coach* executiva Karen Otazo fala de uma técnica que deu bons resultados na criação de sua filha:

> Ensine responsabilidade financeira a sua filha adolescente abrindo uma conta bancária em nome dela para que pague as próprias contas e entenda o valor do dinheiro. Você deve, porém, supervisionar a movimentação dessa conta. Após algum tempo, se ela se sair bem, autorize um cartão de crédito em seu nome com limite de gastos e, é claro, a responsabilidade de pagar mensalmente as despesas totais. Além disso, todo o dinheiro que sua filha ganhar com pequenos trabalhos eventuais ou presentes deve ser dividido em três partes: uma para a poupança, outra para gastar e a última para caridade.

Outras sugestões úteis para criar filhas financeiramente astutas (e talvez ricas) são:

- Quando estiver em um restaurante, dê dinheiro a sua filha e peça a ela que pague a conta e verifique se o troco está correto.

- Além da eventual mesada, ofereça a sua filha um pequeno prêmio em dinheiro em troca da execução *rápida e correta* de determinadas tarefas.
- Ensine sua filha a entender e ler corretamente os extratos bancários de contas-correntes e também de investimentos como a caderneta de poupança.
- Cultive o hábito de jogar "Banco Imobiliário" e outros passatempos didáticos com sua filha.
- Ajude sua filha a elaborar um orçamento para as próprias despesas semanais ou mensais e não lhe dê fundos suplementares caso ela gaste ou invista todo o dinheiro antes do fim do período determinado.
- Utilize notas e moedas para ajudar sua filha pequena a aprender a contar.
- Ensine sua filha a fazer pesquisa antes de ir às compras.
- Registre todos os juros que você paga ou recebe para que sua filha aprenda como eles se acumulam.

Fora de casa

Como eu já disse, você pode tomar em casa todas as medidas certas com relação à educação de sua filha apenas para descobrir que, no mundo, existem atitudes e comportamentos capazes de causar impacto negativo sobre a confiança e a auto-estima dela. A tecnologia hoje facilita os contatos virtuais entre rapazes e moças que cedem à tentação de "paquerar" ou de "ficar" de forma anônima e perigosa. E-mails e mensagens de texto de todos os níveis (em geral muito baixos) são diariamente dirigidos aos jovens de ambos os sexos. A doutora Pam Brill dá algumas sugestões aos pais preocupados:

- Monitore tudo o que entra e sai do computador e do celular de sua filha para certificar-se de que ela não está envolvida com mensagens maliciosas. Aja de maneira que não pareça uma espiã de suas atividades. Demonstre confiança nela e diga-lhe que é a *outra* pessoa que preocupa você.
- Observe mudanças ocorridas com relação a amizades, desempenho escolar, interações sociais e à comunicação com você. Notas baixas na escola, falta de diálogo em casa ou mudanças freqüentes de amigos podem ser sinais de que sua filha está lutando com problemas mais sérios. Mantenha conversas constantes com ela para orientá-la sem causar estranheza.
- Mantenha contato com a escola de sua filha e aproxime-se dos professores. Insista para que a informem sobre qualquer alteração de comportamento ou da rotina escolar dela.

- Todo diálogo é uma via de duas mãos. Converse honestamente com sua filha sobre os problemas veiculados pelo uso indevido da internet. Demonstre disposição para ajudá-la e serenidade para ouvi-la e ofereça todo o seu apoio caso ela tenha sido vítima de alguma armadilha virtual.
- Não hesite em procurar ajuda profissional para sua filha na primeira manifestação de qualquer distúrbio emocional. Não espere que as coisas se agravem e ela entre em depressão ou perca a autoconfiança.

RECOMENDAÇÕES ÀS ESCOLAS, AOS PAIS E AOS ESTUDANTES

A Associação Americana de Mulheres Universitárias realiza um excelente trabalho de pesquisa das tendências relativas à educação feminina nos Estados Unidos. Uma de suas publicações, *Growing Smart: What's Working for Girls in School* [Aja com Inteligência: O Que Dá Certo para as Estudantes na Escola], está repleta de boas idéias para garantir que as alunas tenham acesso à educação e às experiências necessárias para enfrentar o mercado de trabalho e a vida com muita autoconfiança. Veja abaixo algumas das sugestões contidas nesse documento:

- Participe de entidades, como a associação de bairro, para promover mudanças positivas na escola. Organize reuniões para discutir os direitos civis e femininos e peça a professores e administradores que apresentem e implementem idéias inovadoras.
- Exija o mesmo esforço e os mesmos resultados tanto de seus filhos quanto de suas filhas. Incentive as garotas e os rapazes a estudar Matemática e Ciências com afinco e a pensar em carreiras diferentes das tradicionais.
- Apóie as conquistas esportivas ou atléticas de suas filhas. Incentive as equipes, assista aos jogos e participe dos treinos.
- Lembre-se de que as garotas de alta performance podem vacilar entre o sucesso social e o êxito escolar e forme grupos de apoio para ajudar tanto elas quanto suas famílias.
- Peça a professores e alunos que identifiquem as necessidades que não estão sendo atendidas pelo programa escolar.
- Ensine aos alunos as habilidades necessárias para resolver os conflitos mais comuns e adote políticas escolares bem claras para coibir e punir o assédio sexual.
- Promova um ambiente favorável às aspirações e às realizações das meninas e comunique o fato de que a escola tem altas expectativas com relação a elas.

- Solicite a ajuda dos pais, dos grupos e dos líderes comunitários para implementar idéias que promovam as conquistas femininas na escola e nos esportes.
- Mostre às alunas a possibilidade de escolher carreiras diferentes. Convide profissionais bem-sucedidos em carreiras não-tradicionais para uma visita à escola e promova excursões dos alunos a empresas de alta tecnologia.
- Selecione livros didáticos e outros materiais de leitura isentos de idéias preconceituosas sobre as diferenças sexuais e raciais.

OUTRAS SUGESTÕES DE MÃES PONDERADAS

Recebi tantas idéias de mães experientes e solícitas sobre a melhor forma de preparar nossas filhas para o exercício da liderança que seria impossível mencionar os nomes de todas. Agradeço a cada uma delas e transcrevo algumas das melhores sugestões:

- Responda sempre às perguntas de sua filha com honestidade e sem recorrer a subterfúgios.
- Se houver um problema na escola, incentive sua filha a tentar resolvê-lo por conta própria. Ofereça ajuda apenas se ela solicitar.
- Quando perguntar a sua filha o que ela gostaria de ser quando crescer, mencione também algumas profissões não-estereotipadas, demonstrando ser muito natural para uma menina seguir carreira de entomologista, astronauta ou engenheira de mineração.
- Leve sua filha para visitar seu ambiente de trabalho e deixe que ela veja o que você faz e como faz.
- Conserve seu sobrenome de solteira.
- Seja cuidadosa com a maneira como você cria seus filhos, ensine a eles que todas as pessoas são iguais e têm os mesmos direitos e eduque-os para tratar as garotas e as mulheres com respeito.
- Prefira os serviços de médicas, advogadas, contadoras e outras profissionais para que suas filhas tenham modelos femininos de profissões significativas.
- Ensine sua filha a cumprir bem seus deveres. Na infância e na adolescência, isso significa estudo, participação na vida familiar e nas atividades comunitárias.

Sugestões para preparar nossas filhas para a liderança

87. ***Valorize sua filha como ela é, e não como você gostaria que fosse.*** Leia o livro *Nurture by Nature* [Educação pela Natureza] e artigos a respeito para compreender os tipos de personalidade existentes e incentivar a autoconfiança e a auto-estima de sua filha, respeitando sempre os dons e as preferências naturais dela.
88. ***Incentive a participação de sua filha em esportes individuais e coletivos.*** Talvez ela nunca se torne uma atleta olímpica, mas a competição, a participação em uma equipe e a capacidade de lidar com a vitória e a derrota são lições valiosas que a ajudarão durante toda a vida.
89. ***Favoreça o pensamento independente e a tomada de decisões.*** Permita que sua filha escolha as próprias roupas, peça o que deseja comer nos restaurantes e cultive opiniões – que podem ser bem diferentes das suas.
90. ***Considere a possibilidade de uma escola feminina.*** Estudos demonstram que as meninas que freqüentam colégios desse tipo desenvolvem boa capacidade de liderança, apresentam desempenho melhor em Matemática e Ciências e podem optar por profissões diferentes das tradicionais, além de ter mais auto-estima que as alunas de escolas mistas.
91. ***Matricule sua filha em um curso de defesa pessoal.*** As aulas de defesa pessoal não apenas ensinam às garotas a melhor forma de se proteger fisicamente, como também favorecem uma sensação de autoconfiança que se estende a outros aspectos da vida dela.
92. ***Ensine sua filha a lidar com dinheiro.*** Assim que for possível, abra para ela uma conta-corrente, além de uma caderneta de poupança, e oriente-a sobre a melhor maneira de ganhar, economizar e gastar dinheiro.
93. ***Participe das atividades escolares de sua filha.*** Observe a forma como alunos e alunas são tratados e orientados, dê sugestões e insista para que a escola coíba e elimine qualquer forma de assédio sexual.
94. ***Identifique as atividades extracurriculares mais adequadas à personalidade de sua filha.*** Nem todas as garotas apreciam acampamentos ou escaladas, embora seja importante a participação em atividades que desenvolvam a coragem e a capacidade de liderança. Aulas de artes plásticas, literárias e dramáticas, por exemplo, também servem aos mesmos propósitos.

95. ***Ensine seus filhos a respeitar as mulheres.*** Meninos que aprendem desde cedo que as garotas são diferentes, mas têm o mesmo valor e os mesmos direitos tornam-se homens dispostos a encorajar o poder feminino em vez de se sentir ameaçados por ele. Passe muitas mensagens sobre a igualdade sexual e não permita que seus filhos tomem atitudes que humilhem ou diminuam as mulheres.

96. ***Ensine sua filha a reconhecer e reagir a mensagens sociais inadequadas.*** Mostre a ela como enfrentar insinuações maliciosas, assédios sexuais e outras atitudes indesejáveis do tipo e ajude-a a desenvolver a linguagem necessária para coibir essas manifestações.

97. ***Mostre pelo exemplo.*** Observando seu comportamento, sua filha pode aprender sobre liderança e autoconfiança. Se você desenvolveu suas habilidades de comunicação, convívio social positivo e liderança, ela vai acompanhar, "ao vivo", os efeitos de suas interações.

98. ***Concentre-se na inteligência emocional de sua filha.*** Ela pode ser inteligente e autoconfiante, mas você já observou como é seu relacionamento com as outras crianças? Sua filha é capaz de controlar as próprias emoções? Demonstra empatia? Muitos pais respiram aliviados quando verificam que suas filhas são talentosas, mas não têm consciência da importância das habilidades sociais necessárias ao sucesso.

99. ***Apresente atividades e carreiras não-convencionais a sua filha.*** Sente-se diante do computador com sua filha e mostre a ela as atividades políticas internacionais desenvolvidas pelas mulheres. Se estiver em um restaurante cuja proprietária seja uma mulher, peça-lhe que converse com a menina sobre essa atividade. Aproveite todas as oportunidades de mostrar as inúmeras opções profissionais existentes no mundo e diga a sua filha que os únicos limites são as escolhas que ela fizer.

Este livro foi impresso pela Prol Gráfica
em papel *offset* 90 g.